想像力と創造力でつながる子ども

田村 学 監修

池田市立池田小学校研究部・小幡 肇 編著

東洋館出版社

はじめに

　池田小学校は令和5年度、記念すべき創立150周年を迎えました。今回、長年本校をご指導いただいている文教大学の小幡肇先生から、研究本を出版してはどうかというご提案をいただきましたので、その150周年記念事業のひとつとして、ここに研究のまとめを発刊することになりました。

　本校では、戦後間もない1947年より社会科を中心とした新教育の研究が深められていきました。その研究は、コア・カリキュラムから出発し、問題解決学習、問題追究学習へと発展しました。その間、道徳教育、理科教育、創造性を伸ばす授業構造を研究し、私が青年教師として着任する1989年までに、公立学校研究史上稀にみる、実に11回にも及ぶ全国教育研究発表大会が開催されていました。そして着任後は研究部に所属し、1992年に文部省の研究指定を受け「自然に親しみ、自然に学ぶ」というテーマで理科・生活科の研究発表大会を、そして1997年には大阪府教育委員会の委嘱を受け「追究する子ども」というテーマで生活科・社会科の研究発表大会を行いました。ご存じの方も多いと思いますが、この「追究する子ども」というのは当時私が師事していた「授業の名人」と謳われた故有田和正先生の言葉で、実はこの2回の研究発表大会の前後、有田先生に本校の研究に関わっていただいていたのです。年に何度も東京からお越しいただき、校内研究会の指導助言をはじめ、講演や師範授業などもしていただいておりました。そして、この有田先生のお話や授業を、本校の先生だけで見聞きして学んでいるのは大変勿体ないということになり、生活科・社会科の発表大会の翌1998年から、校内の授業研究会を広くオープンにし、他校の先生方も自由に参加していただけるようにしたのが、「公開授業研究会」のはじまりです。以来毎年開催しているので、令和5年度で25回目となります。私は2001年度を最後に他校への異動となり、その後池田市教育委員会勤務を経て、2019年度に校長として戻ってまいりましたが、研究同人のたゆまぬ努力は脈々と引き続けられていました。新学習指導要領の実施に伴う「主体的・対話的で深い学び」の具現化に向け、対話を中心とした「協働的な学び」について、研究が進められていました。そこで、この新学習指導要領の作成に携わってこられた、嶋野道弘先生や田村学先生を招聘して研究の深化を図りました。本年度からは「個別最適な学び」の研究も手掛けているところです。本誌をご覧いただいた皆様の中には、ご自身の実践と照らし合わせて、さまざまなご感想やご意見をお持ちになられる方もいらっしゃることでしょう。どうか忌憚のない声を本校まで届けていただければ幸いです。

池田市立池田小学校　学校長　　**齋藤　滋**

目 次

2

第 **1** 章

▼

研究概要

想像力と創造力でつながる子ども

１．想像と創造

　将来、予測困難な問題に出合ったとき、他者と協働し、多様な考え方や価値観を受け入れながらより良い解決方法を見出していくために、想像力は必要不可欠である。

　この行動が、この先にどんな変化をもたらすかを想像する。自分の経験や生活を想像する。自分だけでなく、様々な立場の人の状況や想いを想像する。表現された言葉から場面や状況を想像する。想像することで、多面的・多角的に物事を考え、自分の考えに深まりが生まれる。そして、仲間と共に、伝え合い、学び合い、解決方法を創造していく。他者と協働することを通して、当たり前にとらわれず、試行錯誤しながらより良い考え方や価値観を見出すことができると考える。日々の学習において、想像する場面と創造する場面を教師が意図的に設定することで、子どもたちが幾多の想像力でつながり、子どもたち自身で学びを創造できるのではないかと考え、研究を進めた。

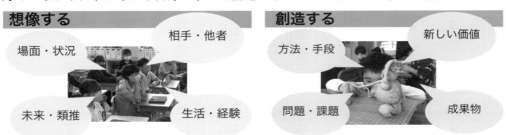

２．想像力と創造力でつながる授業

　問題を解決する過程で、子どもたちが想像力を働かせながら思考したことを言語化し、伝え合う。子ども同士の考えをすり合わせ、試行錯誤する中で、学びや考えを創造していく。想像力を働かせることができる発問・展開・活動・ツールについて各教科で研究を進め、子どもたち自身が課題や解決方法を見出したり、考え方や価値観を創り上げたり、目的や意図をもって次の活動を創造したりすることができる授業を目指した。

　様々な状況や多様な考えや人の思いを想像することは、共感する力を高める。自ら選択したり、決定したりしながら、行動を創造していく力は主体性を高める。想像力と創造力でつながる授業を研究実践することを通して、違いを認め合い、主体的によりよく解決しようとすることができる学習者が育つと考える。

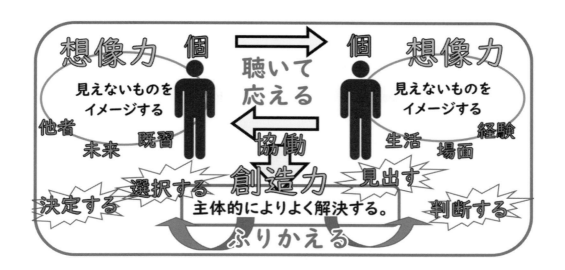

3．想像力と創造力を働かせる場面

　様々な教科の単元を計画する際に、想像力と創造力を働かせる場面を意図的に設定することで、主体的によりよく解決する力が育まれると考える。想像力と創造力を働かせることができる5つの場面について以下のように研究を進めた。

①想像力が膨らむ課題提示

　導入において子どもたちの興味関心を惹きつける課題提示はどの教科においても重要とされる。その際、写真や絵、グラフなどを提示したり、問題文から場面を想像する時間を設定したりすることで、子どもたちが場面や状況を想像したり、自分の生活や経験を想像したりすることができると考えた。

国語科 挿絵から登場人物の心情を想像する

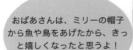

おばあさんは、ミリーの帽子から魚や鳥をあげたから、きっと嬉しくなったと思うよ！

総合的な学習の時間 写真から困ることを想像する

けむりは嫌だけど、喫煙所をなくしたら、タバコを吸う人は困るんじゃないかな

算数科 問題文から場面を想像し、絵に表す

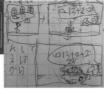

理科 なぜそうなるのか日常生活を想像し、予想する

だって、植木鉢に水をあげたとき、あげすぎたら、下から出てきたもん

②問いを創造することができる展開

　子どもたちの思考に沿った学習を展開することで、子どもたちは夢中で考えたり、話し合ったりすることができる。中でも自ら問いを見出せたとき、知りたい考えたい、という思いが大きくなる。授業の中で比べたり、困り感や必要感をもったりすることができるように設定することで、考えたい問いを自ら創造することができると考えた。

困り感・必要感

もっとレベルアップするには

生活科 育ち方を比べ、違いから問いを創造する

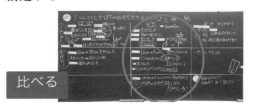

比べる

算数科 分数と小数を比べ、状況から問いを創造する

どちらにそろえるのがいいのかな

社会科 貴族と武士を比べ、変化から問いを創造する

総合的な学習の時間 困ることから問いを創造し、活動の中で必要感をもって次の問いを創造する

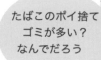

たばこのポイ捨てゴミが多い？なんでだろう

こんなきまりあったの？本当に罰金される？聞いてみたい！

③考えを創造することができる発問

　多面的・多角的に考えることができる発問は、思考を広げ、深めるため、新たな考えに出合ったり、自分の考えを再構築したりすることができる。

　どっち？　必要？　できる？　と二項択一での問い、考えは何％？　と割合を提示する問いなど、全員参加で意思表示することは、考えを交流し創造することにつながると考えた。

道徳　自分だったら、本当にできるかどうかを問う

社会科　メリット・デメリットを問う

社会科　必要かどうかを割合で問う

④考えや価値観の創造

　考えを創造していく場面を設定することで、子どもたちは新たに個々の考えや価値観を創造していくのである。また、ふりかえりの時間を充実させることで、その変容や子どもたちの創造を見取ることができる。

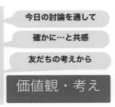

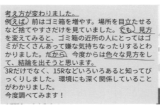

⑤解決方法や手段の創造

　問題解決の過程において、解決方法や手段を自ら考え、選択することは、創造することにつながる。その際に、大切にしているのは、なぜそれを選択したかである。問題点や対象、目的を明確にすることで子どもたちは根拠をもって、方法や手段を創造することができると考える。

折り鶴の折り方を伝えるなら、動画がいいんじゃない？

総合的な学習の時間 情報を整理する思考ツールから登場人物の心情を想像する

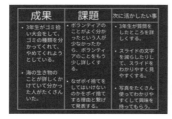

総合的な学習の時間 ポイ捨てを減らすためのゴミ箱について考える

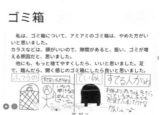

算数科 話し合いを通して、様々な考えを出し合い、解決方法を創造する

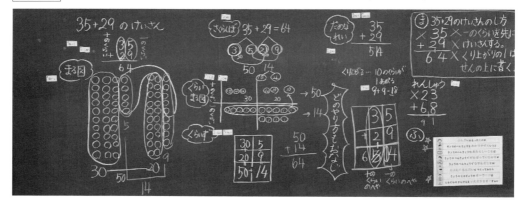

4．つながる言葉

　子どもたちが授業の中で想像したり、創造したりするにあたって「つなぎ言葉」を意識的に使えるように指導した。課題を見出すとき、見通しをもつとき、解決方法を選択するとき、具体的に伝えるとき、違う場面を考えるとき、新たな考えや価値

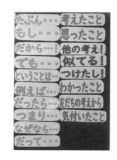

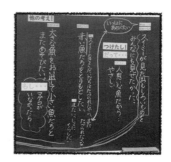

を創造するときなど、つなぎ言葉をリードの言葉のように提示すると思考の方向性が焦点化される。また、子どもたちが主体的に活用できるようになると、授業につながりが生まれ、話し合いが深まったり広がったりすると考えた。

「ということは」→一般化する

算数科
「ということは」→想像を広げる

社会科
「つまり」→一般化
「でも」→多角的

　子どもたちが自分の考えを書く際に提示することで、考えの視点を広げることができる。書くことに困っている子のヒントとなることが多く、書く量が増える。そうすると、内容も深まったり、広がったりする。

社会科 一枚の想像図から気付いたこと、思ったこと、考えたこと、疑問に思ったことを書く

社会科 調べた事実だけでなく、自分の考えたことをつなげる

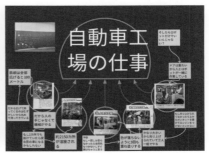

　様々な教科で活用することで、書く量が多くなり、「書く力」も育成される。外国籍の子どもの書く力も向上。

5. 聴いて応える力

　必要感のある簡単には解決できない課題に出合ったとき、子どもたちは真剣に課題に向き合い、思う存分思考を働かせて話し合いに熱中する。そのような場面を授業の中で作り出すためには、指導者側の単元計画や発問、板書計画など様々な準備が必要不可欠である。

　同時に、子どもたちに「聴いて応える力」を育成することができれば、自分たちで思考に深まりのある話し合い活動を進めることができる。

　しかし、相手の話を受け入れてはいるが、自分と比べたり本当にそうかと考えたりしながら聴いている子は多くない。また、疑問をもったり違いに気付いたりしても、発言して表出しないと、その疑問や気付きがみんなに共有されることはない。

　そこで、個人や集団の発達段階に応じて、「自分の考えと比べて聴く」「本当にそうかと批判的に聴く」ことができるように以下の手立てを考え実践した。

①全員が自分の考えをもってから、話し合いに臨む

国語科 ICTを使って、色分けしたり書くことを明確にしたりすることで、自分の考えを順序よく整理する

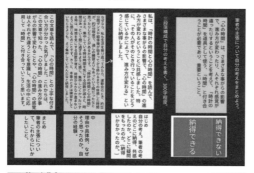

社会科 ひと目で分かるようにICTを使って全員の考えを提示し、根拠について伝え合う

算数科 既習をもとに自分の考えを創る

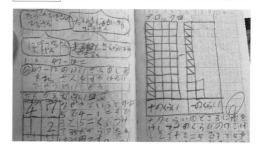

②話し合いの際に、友だちの考えにつながる言葉をリードとして活用し比べたり批判的に考えたりできるようにする

　話し合いの際にもつながる言葉を意識させることで「つけたし」「違う考えで」というだけでなく、「でも…」「なぜなら！」「つまり！！」とつぶやきながら挙手をす

る子どもが多くなった。

　受容と共感が土台にあれば、子どもたちは、たとえ批判的な意見を伝え合うことになっても、否定ではなく、考えが広がったり深まったりするのだと感じている。どんな考えも受容することは大切だが、「本当にそうかな」「もし〜だったら…」「でも…」と考えながら聴くことができないと、多面的・多角的に深まりのある話し合いをすることができない。

　子どもたちの言葉で深まりのある授業を創るために、聴き手と話し手を発達段階に応じて学校全体で指導すること・意識することを共有している。

１，受容・共感

- □聴き手：相手を見て聴き、反応できる。
- □話し手：大きな声で、相手を意識して自分の生の言葉で話せる。

３，受容・共感＋反応＋批判

- □聴き手：広げる、深めるつなぎ言葉が使える。批判、問い返し。
- □話し手：みんなに伝わったか確認できる。相手の考えを求める。

２，受容・共感＋反応

- □聴き手：わからないと言える。質問、お尋ねができる。感想が言える。
- □話し手：相手を見ながら話し、途中で伝わっているか確認できる。

> みんな、聴いて！

> もう一回言ってください。

> ここまでわかる？

> なんで？くわしく聞きたい！

　普段の授業の中で、話を聴くことが苦手な子どもがいたり、声が小さくて伝わりにくい子どもがいたりするときに、指導者は「もう一回大きな声で言ってみよう」「もう一回言ってもらうから次はきちんと聴こう」などの声かけをすることが多いだろう。

　子どもたちの言葉で授業を進め、主体的に話し合える学習集団を築いていくために、聴き手と話し手に「受容・共感・反応・批判」について指導するとともに、聴き手は、聴き逃してしまったとき、もう一度聴きたいときに、自ら「もう一度言ってください！」と伝えたり、話し手は、きちんと相手に伝わっているかを確認するために「ここまで分かりますか？」と子どもたち自身で尋ねたりして、聴きたい！伝えたい！と主体的に話し合うことができるように指導を積み重ねている。

6．ふりかえる力

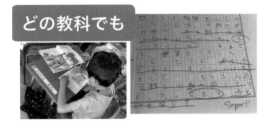

どの教科でも

　想像力と創造力を働かせる場面を授業の中に設定することで、個の学びと協働的な学びを行き来しながら、一人ひとりがよりよく解決したり、納得解を見出したりすることができる。また、ふりかえる活動は、自分の考えを再構築したり、新たな課題を見出したりし、次の学びにつなげることができる大切な活動である。

　しかし、実際にふりかえりの時間を確保することは難しく、設定時間が短くなると分かったことや事実の羅列となり、浅い内容しか書くことができない。多くの量を書くことができるようになると思いや考えを表出することができる。そこで、各学年の実態に応じて、朝学習の時間を使い、ノートに書く力を高める活動を取り入れた。また、ふりかえりを書く時間を5分以上設定し、文字数を指定するようにした（例えば4年生で5mm方眼ノートに10行以上やタブレットで150字以上など）。

　ふりかえりを書く際のツールとして、ノートかタブレットかどちらが効果的なのかも研究の視点とし、発達段階や教科の特性に応じて選択するようにした。

　様々な教科で実践することで、書く力・ふりかえる力が高まった。

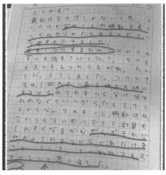

　苦手意識がなくなり、書くことに自信がもてる。書く量が増えると思いや考え、気付きが深まる。

低学年はノートを中心に使ってふりかえり、高学年は教科によって<u>タブレットを活用した</u>。国語・算数・社会・理科においては、ノートを主に使用し、単元によっては<u>タブレットを活用した</u>。総合的な学習の時間・体育・音楽・図工においては、<u>タブレットを活用した</u>。タブレットで量・質ともに書くことができる子どもは、ノートでも書くことができる。ノートに書くことに抵抗がある子どもは、タブレットを活用する方が有効な場合が多い。発達段階や教科の特性に応じて、意図をもって使い分けることが有効であると考える。

7．成果と課題

◎話し合い活動の充実と主体性の向上

　想像力と創造力を働かせる場面を授業の中に設定することで、子どもたちの話し合いが活発になり、主体的に学びに向かう姿が多く見られるようになった。未来に起こること・自分の経験や生活・様々な立場の人の状況や思い・言葉や文章に隠れている様子や心情など、一人ひとりが想像することには、違いがあり、答えが一つではない。そのため、伝え合う際には、自分の考えと比べて聴くことができ、自分の言葉で伝える話し合いが充実していった。「違い」を当たり前のこととして受け止め、伝え合うことが楽しいと思える子どもが多くなったのである。

　協働する力・書く力・ふりかえる力が育ち、受容的・共感的な話し合いから自分の考えを再構築することができるようになってきたと言える。

　また、課題や問題を見出したり、解決方法を考えたりと、学びを創造することは、子どもたちをより主体的にした。受け身の授業から、主体的に学びを創る楽しい授業に変わっていった。

　子どもたちの成長は教科の中だけでなく、学級の決め事や行事・委員会活動など、様々な場面で主体的に活動する姿が見られるようになった。

●課題や疑問を見出す力・一人ひとりが自ら学びに向かう力

　より深まりのある話し合いを子どもたちの力で行うために、課題や疑問を見出す力、本当にそうかと批判的に聴く力が必要であると感じている。養ってきた共感力の上に批判的にみる力を育てていきたい。

　今後は、集団や環境が変わっても、自分で課題を見出し、仲間と協働しながら、自分の良さを生かして問題を解決していくことができる力の育成を目指したい。

国語部
ひとり学習をつなげ、深い読みを創造する

1. はじめに

　本校の「想像力と創造力でつながる子ども」の研究テーマを受けて、国語部会の研究テーマを「ひとり学習をつなげ、深い読みを創造する」と設定した。物語作品において、深い読みの創造には叙述をもとにして一人ひとりが自分の読みをもち、それを交流することが不可欠だと考えるからである。各学年の学習内容に応じたひとり学習の進め方、交流学習の在り方を研究することで、物語を深く読む力を育んでいきたい。

想像力 …叙述から登場人物の心情を
　　　　　読み取る力

・叙述をもとに、人物について読み取る。

・自分の読みと経験から、作品の世界や人物のイメージを広げる。

創造力 …自分の読みを創り、これからに生かす力

・全体交流をもとに、自分の意見を深める。

・読み深めたことをもとに、主題を捉える。

・読み深めたことから、これからの生き方につなげる。

初発の読み →

ひとり学習
・時間、書く量
・課題の出し方
・言葉ファイル

交流学習
・考究する問い
・構造的な板書
・つなぎ言葉の活用

言語活動
・主題をまとめる
・その後のお話作り
・好きな場面の紹介

→ **深い読みの創造**

2. 想像力と創造力を働かせる場面

学年	教材名	想像力を働かせる場面	創造力を働かせる場面
1年生	たぬきの糸車	・たぬきの行動から気持ちを想像する。	・おかみさんのたぬきに対する気持ちの変化を読み取る。
2年生	お手紙	・場面の様子に着目し、気持ちを想像する。	・かえるくんやがまくんになりきって、音読劇をする。

学年	教材名	想像力を働かせる場面	創造力を働かせる場面
3年生	モチモチの木	・叙述から、豆太とじさま、2人の性格や気持ち、関係性を捉える。	・「豆太は変わったか」について自分の考えをもつ。
4年生	ごんぎつね	・行動や気持ち、情景を表す言葉に注目して、ごんや兵十の気持ちや、気持ちの変化を捉える。	・ひとり学習で交流したことをもとに、物語や人物についての考えをまとめる。
5年生	大造じいさんとガン	・情景を描いた表現から、登場人物の心情を想像する。	・表現や情景描写から、この物語の魅力を自分でまとめる。
6年生	海の命	・太一の生き方に影響を与えた人物との関係をつかむ。	・太一の生き方から、これからの自分の生き方を見つめなおす。

3. つながるために

聴いて応える力 …国語科としてのよい聴き方を示す。よく聴くことで、物語を多面的・多角的に読む力が鍛えられ、見えなかったものが見えるようになることを伝える。

・自分の読みと仲間の読みを比べながら聴く。（自分の読みとの違いに耳を傾ける）
・仲間の読みにつなげて話す。（同じところから、自分は別の読みをもった等）

ふりかえる力 …書き方の視点を提示して、焦点化する。限られた時間の中で、読みを深める力を鍛える。

・日記形式（ごん日記・大造日記等）
・書き出しをそろえる（律は〜な人物だと思う。なぜなら〜）

4. 成果と課題

成果
・相手の意見を受容し、その違いを楽しみ、聴き合う集団に育つことができた。
・自分が読み取ったことを、「でも！」「つけたし！」と言いながら、つなげて話すことができた。

課題
・書く内容の質を上げていく必要がある。批判的に考えること、自分の経験とつなげること、思考の深まる考え方の提示など、書く力を深めるための具体的な方策を考えていくことが、今後の課題である。

算数部
既習とつなげる・友だちとつなげる・自分とつなげる

1．テーマについて

　「想像力と創造力でつながる子ども」という研究テーマから、算数部では「つなげて考える」ことが大切だと考えた。学習課題について、既習とつなげることで、解決の見通しをもつことができるのではないか。また、友だちの考えと自分の考えをつなげることで、多様な考え方があることや共通点・相違点があることに気付き、自分の考えを広げたり深めたりできるのではないか。そして、自分の生活とつなげることでより実感の伴った学びとなり、学んだ

ことをふりかえることで自分が何をどう学んだのかを自覚できるのではないかと考え、このようなテーマを設定することとした。

2．想像力と創造力を働かせる場面

具体的な場面	想像力	創造力	手立てと工夫
① 問題と出合う	・見通しをもつ。 （既習と比べ、解決方法、見積もりなどを想像する）	・問題意識に合っためあてをつくる。	○ふきだしを書かせる。 ○既習の内容を提示する。
② 自力解決	・身近なものや生活などの具体的な場面を想像する。 ・既習を思い出しながら考える。	・自分の考えをつくる。 （文章から式を立てたり、図に表したり…）	○図や表をかいて考える機会を増やす。 ○つなぎ言葉を使って説明させる。
③ 交流	・友だちの考え方を想像する。	・考え方を比べ、共通点や相違点を見つける。	○友だちの考えとつなげて発言させる。

③交流	・具体的な場面を想像できるように数字や具体物を使って説明する。	・学習のまとめをつくる。	○子どもの言葉を使ってまとめをする。
④ふりかえり	・他の数字や条件の場合を想像する。	・自分が何を学んだかを文章化する。	○書き出しや使ってほしい言葉を指定する。

3．つながるために

　子どもたちの思考や発言がつながるために、つなぎ言葉を活用する。交流の場面では、つなぎ言葉を使って話すことを意識させることで、より分かりやすく、説得力のある説明にすること、自分の考え方と友だちの考えの似ているところや違うところを見つけられることを目指す。また、ふりかえりの場面では、これらの言葉を使って考えたことや思ったことをまとめたり話したりする子どもを育てたいと考えている。

> だって、なぜなら……説明するとき
> たとえば……数値や場面など具体的なイメージをもたせたいとき
> だから……原因と結果を結び付けるとき
> つまり、ようするに……説明の内容を短くまとめるとき
> だったら……別の状況や場面でも活用できるのかを確かめたいとき
> もし、でも……話している内容に疑問があるとき
> 今までは……既習と比べて考えるとき
> ○○さんに似ていて…友だちの考えとつなげるとき

4．成果と課題

　問題と出合う場面を丁寧に行うことが大切で、ふきだしを書かせることはとても有効だった。書いて共有することで、子どもの思考に寄り添いながら1時間のめあてを立てることができ、子どもたち自身も見通しをもってから自力解決に臨むことができた。特に、既習とつなげて考えている意見は、見通しをもつための大きなヒントとなっていた。交流場面では、いろいろな子に考え方を説明させることが有効だった。どこにつまずいているのかを想像し、より具体的な数値や簡単な例を使って説明することで、分からない子が理解しやすく、説明する子の説明力の向上にもつながった。今後、算数用語を正しく使い、自分のものとして使えるよう指導を積み重ねることも重要だ。ふりかえりについては、時間を確保することで自分の考えを整理し、まとめることができていた。1時間の自分の学びと向き合うためにも、時間をしっかりと確保できるような時間設定が必要だと感じる。

1．はじめに

　総合的な学習の時間（総合）で生きる想像力とは、活動的な学びや探究的な学習の過程の中で出合う一つひとつの情報を関連付けたり、組み合わせたりしようと試行錯誤する思考力であると考える。

　また、創造力とは、活動的な学びや探究的な学習の過程を経て得た知識や技能、人の思いなどの情報を関連付けたり、組み合わせたりしながら、新たな自分の知識や技能として再構築する表現力であると考える。

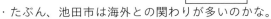

想像力

池田市ではオーストラリアからやってきたウォンバットが人気だ。

・たぶん、池田市は海外との関わりが多いのかな。
・つまり、自然も文化も特徴があるようだね。
・古くから伝わるものを守り続けているはず。

情報

ビリケンさんのモデルはアメリカの人らしい。

池田市は国際的な文化の町だ。けれども、古い文化も大事にしている。池田市のすばらしさは海外からの文化や古くから大切にされてきた文化が入り混じっているところだ。そう言える場所やものが他にもあるはず。

創造力

　総合部では、「ふりかえり」に想像力と創造力を働かせる場面が集約されていると考えた。体験活動や情報の収集・プレゼンテーションなどの活動を通して得た知識や技能、他者の思いなど、様々な情報をつなぎ合わせて、自分にとっての価値のある確かな学びを創り上げることができる場面だからだ。また、そこから自ら新たな問いを生み出すことができれば、探究的に学ぶサイクルが生まれると考えた。

2．想像力と創造力を働かせる場面

〈3年生〉

探究課題	学習活動	想像力を働かせる場面	創造力を働かせる場面
地域学習	情報の収集 まとめ・表現	町の店や建造物を見学して、町の人や先人の思いを想像し、もっと知りたいことを考えた。	町たんけんで知ったことを伝える方法を創造し、保護者に紹介した。

〈4年生〉

探究課題	学習活動	想像力を働かせる場面	創造力を働かせる場面
障がい者福祉	情報の収集課題の設定	体験学習で視覚障がい者の不安感や不便、生まれる思いを想像する。	自分の生活と体験で感じた不安感をつなぎ合わせ、解決できそうな課題を創造する。

〈5年生〉

探究課題	学習活動	想像力を働かせる場面	創造力を働かせる場面
食品ロス食料自給率	まとめ・表現	食に関わる人の想いや願いを想像する。 ➡	対象や目的に合った解決方法を創造する。(見出す)

〈6年生〉

探究課題	学習活動	想像力を働かせる場面	創造力を働かせる場面
環境町づくり	課題設定	身のまわりにある課題から人々の困り感を想像する。	6年生だからこそできる解決方法を創造する。

3. つながるために

　聴いて応える力を育成するために、単元の中に話し合う場面を設けている。また、「思ったことや考えたことを話すこと」を指導する。意見や情報を聞いたときに自分の中で生まれた感覚や感情は、「自分は」と自分の言葉で話すことができる内容である。自分だからこそ話せることを伝え合うことのできる力を育てることで、聴いて応える力を育成できると考えている。

　ふりかえる力を育成するために、文字数の設定をしている。そうすることで、児童は自分と対話しながら学びをふりかえる。その対話を粘り強く続けることで、表面的なものではない学びを言語化することができる児童が増えると考えている。また、言語化したふりかえりを次時の授業のはじめに提示したり、教室に掲示したりすることで児童のふりかえりが集団の学びや単元の流れに反映してくると考えている。

4. 成果と課題

　ふりかえりを書く時間に視点を設定するかどうかで児童の考えの枠が大きく変わる。授業ごとに、視点を設定するかしないかを考えている。しかし、どのようなときに視点を設定するのが有効か、視点を設定するならどのようなものがよいかを検討していく必要がある。

　ふりかえりは、枠を作らず自由に書くことで生まれる価値もあるが、ふりかえりの視点を設定することの有効性が明確になれば、児童が書くふりかえりから新たな問いを生む手立てとして、意図的に活用できるようになるだろう。

生活社会部
見つける・比べる・工夫する
―自分の考えを表現できる子ども―

1. テーマについて

　生活社会部では、生活科・社会科を中心に理科や家庭科も研究している。どの教科でも想像力と創造力を育てるために、まずは共通して大切にしたい6つの学習活動「見つける・見通す・比べる・例える・試す・工夫する」を設定し、研究を進めてきた。2023年度には、さらに下記の3つを重点にして研究を進めた。

🔍見つける🔍	👀比べる👀	💡工夫する💡
□写真やグラフ、実物資料などから問題（課題）を発見する。	□変化の有無を考えることで、共通点や相違点を明らかにする。 □自分の考えと友だちの考えを比べる。	□調べたことの問題点についてみんなで探求する。 □学習問題に沿う問題について、集団討議し、学習課題について解決する。

2. 想像力と創造力を働かせる場面

学年	見つける（想像）	比べる（創造）	工夫する（創造）
1年	学校探検を通して、様々な教室の特徴を見つける。	観察記録を比べ、共通点や相違点から理由を創造する。	アサガオがよりよく育つための手立てを考え、実践する。
2年	野菜の観察を通して、変化を見つける。	野菜の観察から、葉の大きさや茎の高さを比べて、理由を創造する。	ミニトマトがよりよく育つための手立てを考え、実践する。
3年	スーパーマーケットの工夫を見つけ、工夫した理由を想像する。	今と昔の車を比べて、共通点や相違点から理由を創造する。	お店の学習を通して、オリジナルのポスターを作成する。
4年	大阪府の地図を見て、「はてな」見つけをする。	土地の違いを比べ、どのような使われ方をしているか考える。	見つけた「はてな」を解決する方法を考え、実践する。

5年	庄内平野の写真を見て、気付いたことや疑問を見つける。	2つの水田を比べて、自分の考えを創造する。	問いに対して、友だちの意見や調べたことを参考にし、自分の新たな考えを創造する。
6年	歴史に関する絵や資料を見て、気付いたことや疑問を見つける。	貴族の暮らしと武士の暮らしなどを比べて、共通点や相違点から理由を創造する。	問いに対して、友だちの意見や調べたことを参考にし、自分の新たな考えを創造する。
理科	楽器を自由に使って、音が出るときには、ものが振動していることを見つける。	糸電話の様々な使い方を比べることで、音が鳴るときと鳴らないときの理由を創造する。	問いに対して、友だちの意見や調べたことを参考にし、自分の新たな考えを創造する。
家庭科	商品を購入する学習を通して、それぞれの商品の特徴を見つける。	様々な大きさのキャベツを比べて、自分が欲しいキャベツについて創造する。	キャベツを購入する学習を通して、物を手に入れるための自分の視点を創造する。

> 各学年、教科の想像力と創造力を働かせる場面の一例です！

3. つながるために

　子どもたちの思考や活動がつながるために、「共有」「反応」「はてな」の3つを授業の中に組み込むように意識してきた。

共有
課題に向けた取り組みをクラス全体で共有し、全員が解決に向かって考えを出し合うことで、より良い考えを見つけたり、他者の考えを知ったりできるようにした。

反応
一人ひとりの発言を大切にできるように、「もう一回言ってください」や「似てる！」「同じ！」などの声を発することを価値付けてきた。また、適宜友だちの発言を隣の人と確認するよう声掛けをした。

はてな
常にはてなを意識しながら聞くように促すことで、もっと知りたいという思いをもてるようにしてきた。また、ふりかえりにはてなを書いている子がいれば価値付けをし、はてなをもったり予想したりすることの良さを子どもたちが感じられるようにした。

4. 成果と課題

成果

　学習活動の焦点をしぼって研究することで、どの教科でも想像力と創造力を働かせる授業づくりに取り組むことができた。また、「つなぎ言葉」をリード言葉のように明示することで、自然と子ども同士で考えをつなげることができるようになった。

課題

　ふりかえる力については、どの学年でも書く量は増えたが、そのふりかえりを授業に生かすことができなかった。今後はふりかえりを授業で生かすために、ふりかえりにある疑問を出発点として授業を創造していきたい。

支援教育部
自分や相手のことを"そうぞう"できる子ども

1．テーマについて

　池田小学校の支援学級では、個々の自立活動のほか、少人数の自立活動と身体運動中心の自立活動を、週1時間ずつ行っている。

　少人数の自立活動をグループ学習と呼び、特性や学年を基準にグループを作っている。このグループ学習で、それぞれの課題に沿った取り組みを行うと同時に学校全体のテーマである「想像力・創造力」を働かせる場面を意識した取り組みを考えた。

　「自分や相手のことを"そうぞう"できる子ども」をテーマに決め、研究を始めた。様々なことを"知る"から、自分で"選択"し、"行動"することができる力を育てていきたいと考えた。

> 想像：自分自身や身のまわりのことを知り、経験（体験）や学習を積み重ねて物事の結末や見通しを想像することができる子ども

　ステージ①　言葉や行動を知る。
　ステージ②　レスポンス・結末を知る、経験や体験を積み重ねる。
　ステージ③　どうすればよいか知る。先のことを想像する。
　ステージ④　よりよくするための選択肢があることを知る。

> 創造：より良い未来を創るための適切な言動を選択できる子ども

　・物事の流れを考える。
　・"今"のことだけでなく先の姿を考え、よりよくするための改善策を選択する。
　・今までの経験を生かして、活動を考え取り組む。
　・急遽起きること、イレギュラーなことが起きたときに臨機応変に動く。
　・考えて行動に移すことができる。

2．想像力と創造力を働かせる場面

【想像】

　まず、自分のことや相手のこと、身のまわりで起きていることを「知る」ことからと考えた。そこで、体験活動やゲームで友だちと関わる機会をつくったり、ロールプレイに取り組んだりするなど、SSTの要素を

取り入れた。その際、特性や発達段階に合わせて、目標を設定した。この経験から日頃の生活の中で、思い起こされ想像につながることを願って活動内容を考えてきた。

【創造】

　自分で「選択する」「考える」には、自己表現の場が必要と考え、スピーチやふりかえりを取り入れてきた。その際には、話型や具定例などの選択肢を用意して表現しやすいよう工夫したり、逆に"その他"の項目をつくり自分で考える機会をもったりしてきた。グループみんなでふりかえることによって、よりよい行動の選択肢を広げ、次の行動への見通しをもつことができるとも考えた。また、中心の活動の中でそれぞれのグループに合わせて創造の場面を取り入れてきた。

3．つながるために

　自立活動では積極的に参加することができる児童も、教室では個々の力を発揮することができないことが多い。様々な場面で、友だちとつながるきっかけとなる話し合いや対話のルール、マナーなどでつまずいてしまう子どもも少なくない。グループ学習では、友だちと楽しく関われるような活動内容を設定し、その中で少人数で話し合うことや自分の言葉で話す場面を取り入れてきた。SSTの要素を取り入れたり、学年やグループのメンバーの課題に合わせたりして活動内容を選択して取り組んだ。そして、コミュニケーションの基礎基本が「話す」「聞く」の2点にあると考え、どのグループでも、以下の4点を大切にしながら、学習を進めてきた。

- ・1時間の流れを明確にして見通しをもてるようにする。
- ・一人ひとりが自己表現をする時間（スピーチなど）を設定する。
- ・自分自身の活動をふり返る時間をもつことを意識して行う。
- ・語彙を増やし、文で答えたり話したりできるように、"つなぎ言葉"を活用する。

4．成果と課題

　様々な場面や事象を想像することは難しかったが、事前に見通しをもたせる・選択肢を与える・調べるツールを確保する・友だちと関わる機会をつくるという手立てにより、イメージをもったり、広げたりする体験ができた。また、ゲームや遊び要素を取り入れることで、意欲的に自分から取り組める姿も見られた。各グループで「聞き方名人」を取り入れたことで、聞き方の姿勢が良くなる子どもが増えた。また、SSTを取り入れたことで、客観的にいろいろな気持ちを知ることができ、適切な伝え方の引き出しを増やすことにつながったり、友だちと折り合いをつけたりすることが増えた。一方で、最後まで聞くことや、理解して聞くことはまだ課題である。また、気持ちのコントロールができずに、学習したことが日常生活に般化されないことが多くある。これらの課題に対しての手立てをさらに考え、日常生活につながるよう今後も継続して取り組んでいきたい。

第 **2** 章

▼

想像力と創造力を育てる
授業実践

主体的に活動を創造できる子どもをめざして
総合：４年「One for all All light スクープⅡ」
―みんなに幸せ運ぼう大作戦―

１．想像力と創造力

　社会をよりよくしようとする一人の行動の積み重ねが、未来を変える力になる。子どもたちが人の役に立てる喜びを実感できる学習活動を展開し、自分たちの社会をよりよくするための行動が多くの人の幸せにつながっていると自分自身で価値づけることができる授業を創りたい。そのために机上の空論にならぬよう、「やってみる」ことを大切にし、状況や未来、そこに関わる人の思いや立場を想像しながら主体的に探究していく必要がある。また、自分自身でふりかえること、仲間と話し合うことを通して、新たな問いを創造したり、次にしたいことを創造したりすることができる。

課題の設定→情報の収集→整理・分析→まとめ・表現→ふりかえる

　課題の設定‥‥‥実際の活動やふりかえり、話し合いから創造する。
　情報の収集‥‥‥調べて終わりにならないよう、活動することで情報を収集する。
　整理・分析‥‥‥収集した情報を整理し、話し合うことを通して、「なぜか」と考え、「もしかしたら…」「たぶん…」と想像し、新たな問いや次の活動を創造する。
　まとめ・表現‥‥伝えたい対象を想像しながら、表現の仕方を創造する。
　ふりかえる‥‥‥自分の活動を思い返し、人の思いや考え・様々な立場や状況を想像しながら、自分の思いや考えを創造する。

２．単元について

　テレビ番組（探偵！ナイトスクープ）を参考に、自分の周りの人たちを幸せにするために、身近な問題を自ら見出し、解決していくことをテーマとし、総合的な学習の時間を開始した。環境問題、福祉、防災など、大きな探究課題は指導者が設定することが多い。

　問題を見出すために、子どもたちに気になっていることを聞いてみた。毎日の登下校や放課後に遊ぶ公園での安全やゴミの問題を挙げる子どもがほとんどであった。子どもたち自身が困っていることや関心をもっている問題について探究していくことで必要感をもって、主体的に粘り強く活動することができると考え、「町をきれいに」という大きなテーマを学級全体で決定した。

　本時では、子どもたち自身が決めた課題解決のための活動について本当にできるか、効果があるかについて話し合う。思考を整理するために座標軸を使用し、自分にでき

るか、効果があるかを段階的に考えられるようにする。どれだけ具体的に想像し、考えを伝え合い、自分たちが本当にできることを創造するかによって、強い思いをもって、意味のある活動に取り組むことができる。自分たちの活動が未来を変える力になっていることを実感し、主体的に社会に参画しようとする態度が育まれることを願っている。

単元名 「One for all All light スクープⅡ」―みんなに幸せ運ぼう大作戦―

単元目標

・みんなの幸せを実現するために、相手の立場や未来を想像することや一人ひとりの思いや行動が大切であると気付くことができる。

・課題を見出すために、視点をもってフィールドワークやインタビュー、調べ学習を行うことができる。　　　　　　　　　　　　　　　　　　【知識及び技能】

・課題の解決に必要な情報を収集し、比較したり関連付けたりしながら整理し、理由や根拠、解決方法を考えることができる。　　　　　【思考力、判断力、表現力等】

・自分と違う意見や考えの良さを生かしながら協働して学び合ったり、地域との関わりの中で自分ができることを見つけたりしようとする。

【学びに向かう力、人間性等】

3．指導計画（45）

○　地域で解決したいことを発見し、集めた情報を紹介しよう！（3）

○　フィールドワークをして確かめ、気付いたことを話し合おう！（3）

○　専門家にインタビューしよう！（2）

○　インタビューをして、考えたことを伝え合おう！（1）

○　解決方法を見つけよう！（調べ学習）（3）

○　自分の「〜したい」を見つけよう！（2）

○　自分たちにできることを考えよう！（本時2）

○　説得力のある情報を集めよう！（2）

○　今の自分の考えをエコミュージアムの方や校長先生に伝えよう！（3）

○　できることをやってみよう！（6）

　　（ゴミ拾いボランティア、インタビュー、ゴミ削減トライアル）

○　発信実践プロジェクト計画会議をしよう！（5）

○　発信実践やってみよう！（7）

　　（低学年に向けてのゴミ拾い大会！　マッチングサービスでゴミを減らす！）

○　報告会に参加しよう！（6）

　　（池田市エコミュージアム主宰の環境報告会に参加）

４．本時の学習

①目標
・フィールドワークとインタビューでの情報をもとに解決したい課題を見出し、効果があって自分たちができることを具体的な場面を想像しながら考えることができる。

②評価規準
・効果があって自分たちができることについて、なぜそう考えるのか理由を明確にしながら、伝えている。【思】

③本時の展開

学習活動	指導上の留意点	評価規準
○「したい」５つの項目を提示する。 効果がありそうな「～したい」はどれかを話し合おう。		
○ポイ捨てを減らすためにしたいことは、効果があるかを座標軸の横軸に並べる。	・ロイロノートで座標軸に５つの「～したいことカード」を動かして自分の考えをもつように伝える。 ・自分たちが調べたことを根拠にしている考えを価値づける。	・効果があって自分たちができることについて理由や根拠をもって考えている。【思】
○効果があるのは、どの順番かを話し合う。 ・すごく大変なことが伝わると、ポイ捨てをやめる人がいると思う。 ・ゴミ拾いボランティアを一日しただけでは、ポイ捨てはなくならないから、効果がないと思う。	・具体的な場面や関わる人の気持ちを想像している考えを価値づける。 でも、もし、だったら、例えば、なぜなら、ということは、	
本当にできる？		
○自分たちにできるのかを座標軸の縦軸を使って並べる。 ○ふりかえりを書く。	・効果があってできそうな活動にするために何が必要かを考えるよう促す。 ・考えの変容、気付き、自分に影響を与えた友だちの考えについて書くように伝える。	・本当にできることなのか、友だちの考えを聞いて、再考している。【思】

④授業の実際

自分の考えをもって、話し合う。

ロイロノートの座標軸を使って、整理・分析。

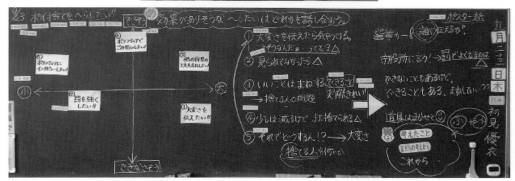

⑤授業を終えて

　導入時に、分類された5つの「〜したい」について確認をした。「なぜ〜したいのか」それぞれの考えの根拠を子どもたちに尋ねた。調べた内容や経験から理由を伝えることができていたので、どの考えも良い考えだと子どもたちは感じているようであった。「みんなのゴールは、ポイ捨てのゴミを減らしたいということだよね」という最終目標を確認し、「本当にこの5つは、効果があるのかな？」と問うた。

　子どもたちは、自分事として課題に向き合い、活動を具体的に想像したり、関わる人の気持ちを想像したりして、活発に話し合うことができた。思いつきやひらめきだけでなく、話し合いの前に行っていた調べ学習の内容や自分の生活経験を根拠に効果があるのかを伝え合っている姿も見られた。

　効果があるのかを考える際には、座標軸を活用して思考を整理した。座標軸の使用に関しては、タブレットのロイロノートを活用した。座標軸の使用は初めてであることと、たくさんの情報を一度に処理することが苦手な子どもがいることから、縦と横

の観点を一度に考えるのではなく、横の観点（効果大か小か）から考えることにした。そうすることで、操作が容易なだけでなく、話し合うことが焦点化され、子どもたちが活発に自分の考えをもち、伝えることができた。

　横軸で効果について話し合った後に、縦軸の視点を提示した。もう一つ大切なことは「自分たちにできるのかどうか」である。単元初期の子どもたちは、ゴミ箱や防犯カメラ、罰金など、自分たちでできることではなく、制度や設備についてばかり考えていた。設備や制度について創造したアイデアを市役所などに提案するのも一つの方法ではあるが、もっと子どもたちの切実な思いや考えのこもった解決方法を模索してほしいと考えていた。人任せなアイデアではなく、本当に自分たちができることを考えることで、自分たちの生活で実践する力につながると考えている。

　話し合いの中で、子どもたちは5つの解決方法のどれをとっても、「でも」とプラスの面とマイナスの面があることや、アイデアを合わせることで効果がありそうなものもあることなど、多面的・多角的に話し合うことができた。また、「どうすればポイ捨てをする人に分かってもらえるか」を考えるようになり、「なぜ捨てるのかをポイ捨てしている人にインタビューがしたい」や「選挙のときに議員さんが伝えるような演説をするのはどうか」など、新たなアイデアを創造する姿も見られた。45分を通してどの子も興味をもって話を聞くことができ、つぶやきや挙手も多かったことから、子どもたちが「話し合いたい」と思えるような子どもの思考に沿った課題であったと言える。効果があり、自分たちにできることを追究していく中で、「ポイ捨てをやめてもらうには伝える内容に説得力がないといけない」と考え、「実際に自分たちで実践や体験してみたい」「もっと詳しく調べてみたい」と次の活動につなげたかったが、次時に持ち越しとなった。

⑥子どもたちのふりかえり

自分たちのできること
ポスターで大変さを知ってもらう
ゴミ拾いをしてもらってちょっとでも大変さを知ってもらう

友だちの考えから
自分たちだけでできることは少ないことが分かったから、もっといろんな人にお願いしないとだめだと思った。

最初は、他の国の真似をすればいいと思ったけど、意見を聞いて、許可を得たりしないといけないと思った。真似をされてほしくない人もいる。お金がかかることも難しいから、簡単にはいかないことも多いと思った。ボランティアでゴミ拾いをするのは、お金もかからないしいいと思った。

ふりかえり
今日の授業を通して、これから自分たちでできることをしていこうと思った。例えばボランティアでゴミ拾いとか。あとポイ捨てをするとどれだけ怖いか伝えたい。

今日、みんなと話し合って、意見が、同じだったり、違うかったりして、すごく考えが広まった。
今1番の疑問は、他の国・県などを、真似できるのか…国は、さすがに範囲が広すぎる…小学生が、国にまで、どうやって質問をするの？
自分にできることは、ボランティアだけど、効果は、小…。
キリがないなぁと思った。
捨てる人をどうにかしないと…

😊ふりかえり😊
ずっと他の国のことを真似することを考えていて、みんなと意見が同じでホッとしました。
でも〜さんや〜さんの言っていた勝手に許可なしでやっていいの？ということに確かになぁーと思いました。
そして、大変さを伝えるのは、聞いてくれない人もいるから、やらなくていいと思っていたけど、少しでも聞いてくれたら、少しでも効果があると思いました。
でも〜さんの意見が同じ意見だったけど、理由が違って、なるほどと思いました。
いろんな意見が聞けてみんな違って楽しかったです。

最初は、大変さを伝えたらいいと思っていたけど今日勉強して、大変さを伝えても聞いてくれない人もいるからダメだと思った。一番いいのは、みんなが気をつけてくれるやつだけど、時間がかかるからこれから、ポスターや看板がいいと思った。

⑦次時の学習

目標

効果があり、自分たちにできる活動にするためにどうすればよいかを話し合う。

指導上の留意点

効果があり、自分たちにできる活動にするために、どうすればよいかアイデアを出し合うことで、ただ活動するだけでなく、目的意識をもった意味のある活動に変えることができる。思いつきやひらめきを現実的な有意義な活動に変える思考をもてるようにしたい。

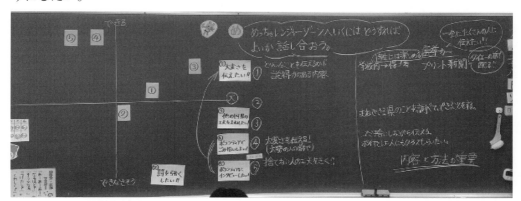

⑤
・ボランティアにインタビューするならポイ捨てしない人の工夫を聞いたらいいと思う。するとその工夫をいろんな人に伝えたらポイ捨てする人数が減ると思う。
・ボランティアしてる人に1週間に何回行ってるのかとその回数でどのくらいのゴミがあるのかを聞く。

④自分が出したゴミは自分で持ち帰る

大変さを伝えるためには、説得力と具体的な内容

自分たちで積極的にやってみる

①ボランティアの人にインタビューして捨ててない人はどんな工夫をしているのかを聞いてゴミを捨てている人にゴミを捨てていない人の工夫の看板を見せる。

授業を終えて

効果があって自分たちにできるという視点を与えることで、活動を具体的にイメージすることができるようになった。「そのために〜をする」と考えることができる子も多く、目的に沿った次の活動につなげることができていた。

人に伝えて、解決に協力してもらうためには、説得力のある内容でなければいけないことや内容と方法を対象相手に合わせて考えなければならないことに気付くことができた。

5．単元を終えて

活動後のふりかえりや話し合いを通して、一人ひとりが考えをもち、そこから次の活動を展開するように単元を設定した。最後に、自分の生き方につなげて考えをまとめた。自分が何を考え、何を選んで生きていくのか、様々な価値観の中でも人や未来、様々なことを想像し、自分で考え、より良い生き方を創造できる力を育てたい。

創造的な社会を創る子どもをめざして
総合：4年「Universal city of "IKEDA" project」

1．想像力と創造力

　社会が抱える課題には明確な答えがないことが多い。しかし、無知であったり、無関心では、より良い社会を創る一員となることはできない。一人ひとりが、明確な答えのない課題を、自分事として捉え、学び、考え、話し合うことで、答えをもつことができれば、社会はより良い方向へと進み始める。そこで、自分の答えを創造し続ける力を育てる必要があると考えた。

　研究主題である想像力と創造力が発揮される場面として、ふりかえりに着目した。子どもは、本時の学び・経験・思い・既習の知識・他者の意見など、多くの情報を得てふりかえりをする。溢れるような情報を整理・分析し、課題解決に向けた新たな可能性を想像したり、自分が取り組むべき課題を創造したりしながら、課題となる事象や事柄に、自分事として向き合い、自分の答えを創造する姿が見られた。総合的な学習の時間では、想像力と創造力を生かして、人の思いに触れたり、他者と協働的に作業したりすることを通して、探究的な学習を展開したい。また、ふりかえりを子どもたちの想像と創造の場となるように活用したい。

2．単元について

　本単元のテーマを、「障がい者福祉とわたしたちの街づくり」と決めた。街にある「障がい」の存在は意識しないと気付きにくいもので、子どもたちもあまり意識していない様子だった。障がいについて知識を得たり、当事者の思いに触れることで、よく知ったはずの地域が全く違う視点で見えてくる。このズレがあることで、子どもたちは既存の知識と新たな知識を整理・分析し、学びに向かい始めた。

　道徳の授業と教科横断的に導入を行った。ヘレン・ケラーの一生を知った子どもたちの感想は、「かわいそうな人だ」「すごい人だ」というものだった。「目が見えないのに、がんばった」「何かしてあげたい」とも言った。そこには、自分たちとは違う遠い存在という雰囲気が感じられた。そこで、視覚障がいをアイマスクで擬似的に体験することで、子どもたちにとって、障がいはずっと近いことだという感覚になった。そこで初めて、「この学校は危険ばかりだ」と自分の目の前の現実とつなぎ合わせて考える子どもの姿が生まれた。自分とは違うと考えていた人のことを想像し始めた。「学校も危険だけど、僕は外の方がもっと危ないと思う」という意見から、危険と不便を探しに街探検に出た。そこで見つけた危険や不便から、自分たちが解決しようと

思うことをグループになって決め、解決するためのプロジェクトを考えようと課題を設定した。

　本時では、このプロジェクトをクラスに発表する学習を行った。発表するだけではなく、中間発表とし、今のプロジェクトをよりよくするために、他のグループからも意見をもらったり、価値を見出してもらったりする話し合いをしようと考えた。今までは閉鎖的なグループ活動に終始していたので、自分たちの考えるプロジェクトは良いものだと信じていた子どもたちが、別の視点から学びを進めている子どもたちに新たな考え方をもらうことができる。自分の新たな答え（プロジェクト）を創造するための起点になる学習活動だ。また、聞き手は、発表者の考えや思いを想像しながら聞き、その場で自分の答えを創造しなくてはいけない。すべての子どもがこの場所では想像力と創造力を発揮して、より良い課題解決を検討する一員となろうとする姿勢に期待し、その後の学習を進めた。

| 単元名 |「Universal city of "IKEDA" project」
　　　　　―だれもが住みやすい池田市を目指して―

| 単元目標 |
・視覚障がい者をはじめとする、障がい者の生活やそれを支える人々の役割に触れ、障がい者福祉の意義や役割、それに関わる人々の思いを理解することができる。

【知識及び技能】

・視覚障がい者をはじめとする、障がい者の生活やそれを支える人々の役割に触れ、学校や地域から課題を見出し、その課題を解決するために情報を収集・分析し、課題を共有する他者と活動計画を立てることができる。【思考力、判断力、表現力等】

・視覚障がい者をはじめとする、障がい者の生活やそれを支える人々の役割に触れ、身近な環境から課題を見出したり、自分にできることを考えたりすることを通して、積極的に社会の課題に関わろうとする。　　　　　【学びに向かう力、人間性等】

3．指導計画（45）

- ○　ちがいのちがいについて考えよう。（1）
- ○　ヘレン・ケラーについて考えよう。（1）
- ○　視覚障がい者について知り、アイマスク体験をしよう。（3）
- ○　学校内で、視覚障がい者にとっての危険や不便を見つけよう。（4）
- ○　学校内の危険や不便の解決方法を考えよう。（4）
- ○　視覚障がい当事者のお話を聞こう。（1）
- ○　ガイドヘルプ体験をしよう。（4）
- ○　学校区内から視覚障がい者にとっての危険や不便を見つけよう。（6）
- ○　グループで課題解決のためのプロジェクトを計画しよう。（6）
- ○　専門家へインタビューしよう。（2）
- ○　グループで課題解決のためのプロジェクトを提案しよう。（本時4）
- ○　自分が実践するプロジェクトを選択しよう。（2）

○　プロジェクトを実際にやってみよう。（6）

（市役所の交通道路課に信号設置の依頼をするプロジェクト）

（道路上の危険な放置物を探し撤去するプロジェクト）

（視覚障がい者にも使いやすいものの工夫を考えるプロジェクト）

（商店街の放置自転車をなくすプロジェクト）

○　プロジェクトをふりかえろう。（1）

4．本時の学習

①目標

・プロジェクトについて、目的を共有し、様々な視点から良い点と課題を考慮し、改善する方法を表現することができる。

②評価規準

・プロジェクトをさらに良くするために、様々な視点でプロジェクトを捉え、自分の意見を書いたり、話したりして伝えている。【思】

③本時の展開

学習活動	指導上の留意点	評価規準
○単元のめあてを確認する。		
2班のプロジェクト計画を聞こう。		
○2班がプロジェクトを発表する。		
○プロジェクトについて座標軸を使って、ふりかえり、黒板にマグネットで意思表示する。	①本当に実現できるか。（実現可能性） ②本当に問題解決につながるか。（課題の本質） 以上の2点を意識するように伝える。	・自分の考えを根拠とともに、黒板やロイロノートで意思表示している。【思】
このプロジェクトをさらによくしよう。		
○プロジェクトの改善方法を検討する。	・プロジェクトの、 ①良いところ ②課題 ③疑問 を色で分け、発言をつなげながら板書する。 ・座標軸のマグネットの位置を変えたいという発言があれば時間をとり、変更した理由を尋ねる。	

学習活動	指導上の留意点	評価規準
○ふりかえりを書く。	・発表したグループにロイロノートで共有することを伝え、発表できなかったことなど相手のために詳しく書くように伝える。	・話し合いを通して形成した考えを整理してまとめている。【思】

④授業の実際

⑤授業を終えて

　2班のプロジェクト内容は、公園の入り口に設けられている車両進入禁止を示す柵の色や高さを変更するプロジェクトであった。2班は、「柵が半円形になっていて、白杖が当たらないことで、視覚障がい者にとって危険になるのではないか」と想像して、課題設定を行った。実際に、当事者にインタビューし、全盲ではない人には見えやすい色があることを知ったり、白杖を使ってどの高さならぶつかりやすく、危険に気付きやすいのかなどを実験して調べたりした。結果、「低くすること」「色を変えて見えやすいようにすること」を提案した。

　プロジェクトを座標軸で評価し、考えの根拠をロイロノートに整理した子どもたちは良いところ、課題、疑問について話し合った。まず、プロジェクトに対して、子どもや自転車に乗っている人など、視覚障がい者以外の立場について考慮されていないのではないかと話す姿が見られた。ほとんどの子が多様な視点で想像することができていた。小さなグループでプロジェクトの準備を進めてきたので、今まで各グループで想像されてきたケースが共有された。自分のグループでは想像できていなくても、全体で課題解決に向けて話し合うことで想像力を共有することができた。

　プロジェクトの良いところや課題が見えてきたところで、よりよくする方法はないか尋ねた。思いつきではなく、ここまでに整理したプロジェクトの良いところや課題を参考に考えてほしかった。2班の思いや視覚障がい者以外の立場のことも想像しながら、「自分ならこうする」と意見を発表する子どもが現れた。2班のプロジェクトの良いところや課題を話し合い、分かった情報を整理・分析することで、新しい自分の考えを創造する姿が見られた。また、その意見をみんなが検討し、プロジェクトが

良いか悪いか決めるのではなく、良いところは生かしながら、課題を解決するより良い方法を創造しようという姿勢がクラスに共有された場面だった。

　最後まで、みんなが納得する方法は思いつかず、時間が過ぎてしまった。このように答えのない問いを目の前にして、多くの子どもがふりかえりに自分の思いや答えを創造することができた。発表したグループは、新たに気付いたことや発表をして感じた自分の感情も具体的に記していた。次の課題を想像したり、主体的にこの課題に向き合おうとする姿勢が見られた。聞き手は、発表者の思いを直に感じながら、それを通して当事者や公園管理者・利用者など、多くの立場を想像しながら、答えを創造する姿が見られた。

ふりかえり
今日は、結構緊張しました。かんぺきだ思ってたけど、みんなにアイデアや、疑問をもらって、まだできることがあるなと思いました。自分の中では、森さんの考えが一番視覚障がい者にも、障がいでもない人からしても、良い方法だと思っています！！みんなのことにかんしてのふりかえりは、たくさん書けるけど、自分のってなったら、あんまり書けてないと思う。なんでだろう？？自分のチームは、自分が一番分かってないのかもしれない	などとアドバイスと捉えて、次は全員が納得できるようなプレゼンテーションを作ってみて故知現世があって解決性もあるそんなプレゼンテーションを作って視覚障がい者と一般の人たちが平等に暮らせるような作戦を考えてさらにみんなが楽しく暮らせるようにがんばりたいなぁ〜と思いました。質問がいっぱいでびっくりしたし、悔しいです！やっぱり思っていたけれど、めちゃくちゃ質問が来たからちょっと悔しいし、でもそれらをアドバイスと捉えてもう一度改良して発表をしたいです。何回も言うけど悔しいです！	ぼくは、小さい子が遊ぶのはポスターとかを貼ると、自分が悪いように思えるからポスターを貼ればいいと思いました。でも、その事故をなくすためには難しいと思ったのでこれでもいいと思いました。あと、そもそも柵にクッションみたいなのを巻き付けておけば怪我がなくなると思いました。	ふりかえり
	今日僕たちが中間報告会に出てめっちゃ人がいてめっちゃ緊張しました。みんなの質問を聞いて		2班の作戦は動画とかもあってよく伝わりました。でも防止柵を作った人はこの高さがちょうどいいって思って作ったと思うからそんな簡単に低くできるものじゃなさそうだなと思いました。私は高さを変えずに色だけ変えたら視覚障がい者の人も困らないと思うし自転車の人も困らないんじゃないのかなと思いました。

発表グループ　　　　　　　　　　　　　　　　　　聞き手

　今までは、発表をする授業形態は聞き手の参加意欲を生むのが難しいと感じていたが、ふりかえりから、聞き手こそ想像力と創造力が求められる授業を展開することができたと感じた。また、この発表を参考に、自分のプロジェクトを見直す子も現れた。

5．単元を終えて

　すべての子どものプロジェクトが良い結果に終わったわけではなかった。しかし、子どもたちの単元を終えたふりかえりには多くの想像力と創造力が感じられた。

| プレゼンテーションで視覚障がい者本人から聞いたことをそのまま書き出した方が視覚障がい者の本当の気持ちが分かるから自分で決めつけるんじゃなくて本人の気持ちをのっけた。 | 情報の価値を想像・創造する子どもの姿 | 自分たちで調べてやっていたときは、こんな感じかなって想像でやっていました。だけど、　　　さんや　　　　さんたちが話をしてくれて、そう思っていたんだなって思うこともあったし、やっぱりそう思うんだなと思うこともありました。自分で想像して考えることもいいと思うけど、やっぱり聞いて知らないと分からないこともあるんだなと思えました。意外な答えが出てきたり、質問して知ることが好きになったと思います。 | 他者の思いを想像することに価値を見出す子どもの姿 |

プレゼンテーションは作っていないけど視覚障がい者のひとが自分の気持ちが分かるように凸凹凸凹を作って視覚障がい者の人に試してもらいたいと思いました。いろんな形を作ってみました。家の形や凸の形や三角の形など段ボールを切って貼って作りました。まだ視覚障がい者の人には試してもらっていないけど視覚障がい者の人はきっと自分の持ち物が分かってくれると思うのでまた時間があったときに試してもらいたいと思います。

身近なもので課題を解決する方法を創造しようとする子どもの姿

私は、この授業で身近なことにもいっぱいの危険や、障がいのある人が困ることがいっぱいあると知ってびっくりしました。だって、この世界は一人の人にあった場所になっているから、私たちの場合はすごく暮らしやすいです。だけど、障がいのある人にとってはすごくいっぱいの困ることがあると知りました。私たちでも不便なことはまだまだたくさんあります。なので、私たちが不便なことはほとんどの確率で障がいの人にとってはすごく困るんだろうなと思いました。私は、みんなが平等に暮らせるっていうのはすごく難しいなと思いました。でも、みんながよりよくみんなが住みやすいものをいっぱい設置したりすることができればみんなが暮らしやすい社会、暮らしが作れるのではないかと思いました。自分でも将来作ることができることだと思いました。

将来の自分や街のあり方を想像・創造する子どもの姿

私は、この勉強で話すときにはできるだけ分かりやすく、聞いてもらったり伝わりやすく話すことができるようになったことです。自分が聞いてる側だと考えるともっとこうした方がいいなとかが分かるようになりました。自分がいいと思うだけで、俺は私は、完璧とか思ってしまうけど聞く側だったら本当に分かりやすい完璧とかが分かるのではないかと思っていつもやってきていたのでそれも力になったことかなと思いました。総合だけじゃなくて暮らしでも相手が聞いて分かりやすいように話したりができるようになったと私は思いました。自分は完璧だけじゃなくて聞いてみる側にも立ってみるともっと成長できました。自分だけを見るのではなく聞いたりする側などになって話してみると自分はOKとか思っていても改善点が分かるからいい方法だし日頃でも使えるようになったからこそが成長したところかなと思いました。

自分の考えを他者の立場に立って想像しようとする子どもの姿

　社会が抱える多くの課題に目を向け、自分の答えを創造し続けようとする子どもたちの姿勢は教科の枠を超えて、確かな力となる。変化し続ける世界の中で、自分で見たこと感じたこと、遠くで起こっている出来事や他者の意見も情報として吸収し、より良い答えを導き出す。そういった創造的な社会を創る力を育てたい。

課題に向き合い、活動を創造する 子どもをめざして 総合：6年「"すべての"いのち輝くアイデア」

1．想像力と創造力

　6年生の総合的な学習の時間で大切にしたのは、「Think global, Act local.」の視点である。子どもたち一人ひとりが社会の諸課題について考え、自分たちの身のまわりから変えていこうと行動することを目指した。様々な課題に関わる人、解決に向けて行動する人、それぞれの立場や思いを想像し、「自分ならどうするか」「自分なら何ができるか」といった視点に落とし込む。その視点をもって身のまわりを見つめなおすことで、身近にある課題をより一層自分事として考えることができる。

　また、課題の解決に向けて行動する中で、これまでの活動をふりかえることが、新たな問いを創造することにつながる。そして、次の課題の解決に向けて自分たちにできることを考え、実行することで、子どもたちがより一層探究する姿につながる。

2．単元について

　前年度の総合的な学習の時間では、「職業」をテーマに学習した。職業の種類の移り変わりや仕事内容の変化などを捉え、これからの社会でどのような職業が求められるかを考えた。子どもたちは、時代の変遷によって人々から求められる社会の役割が変わることを知り、社会の変化と職業の移り変わりを関連付けて考えることができた。また、これからの社会はどうなるのか考えるためにSDGsに触れ、17の目標や目標達成に向けた企業の取り組みなどについて調べた。現在の企業の取り組みから、未来の職業の姿や自身の将来の姿を想像することができた。

　子どもたちのSDGsへの関心は高く、他教科の学びや日々のニュースとSDGsを結び付けて捉える発言もあった。しかし、その多くは「世界のどこかで起こっていること」であり、自身には関係ないと、ほとんどの子どもたちは考えていた。

　世界中の様々な課題に関心をもつ子どもたちに、その課題を身のまわりにある課題と結び付けて、自分事として捉えてほしいと考えた。そこで、6年生の総合的な学習の時間で取り組んだのは、「ジュニアEXPO2025」の教育プログラムへの参加である。この教育プログラムは、「"すべての"いのち輝くアイデアを提案する」という体験を通して、多様な人々と出会い、課題や思いを共有し、問題解決していくというものだ。

　職業とSDGsについてふりかえり、社会の変化や課題に対する取り組みについて確認した後、子どもたちに「『いのち輝く』ってどういうこと？」と投げかけた。はじめは「精一杯生きること」「元気に楽しく生きること」「いのちを大切にすること」と

捉えていた子どもたちであったが、これまでの学習と結び付けて考えることで、世界には様々な課題によって、いのちが輝いていない人がたくさんいることに気付くことができた。そして、たくさんの企業や団体、個人がいのちを輝かせるために活動しているのだと知ることができた。

　本時の学習では、視点を身のまわりのことに移して、自分たちにできることを考え、何を変えることができるのかを問う。子どもたちはこれまでの学習や日常生活から身近な課題を見出し、自分たちができることを考える。自分たちの行動によって身近な社会がどのように変化するのかを想像させて、今の自分たちができること、主体的に取り組むことができる活動を具体的に想像させたい。

　また、本単元の課題の解決に向けた計画を立て、実行する場面では、課題に立ち返って自分たちの計画を見直す機会を何度も設ける。その計画は課題の解決に向かっているのか、より良い解決方法はないのか、繰り返し課題を見つめる。自分たちの身のまわりがより良いものになるために、学び合いを重ねることで、より具体的で課題の本質に迫った活動を創り出すことができると考える。そうすることで、子どもたちも、より一層実感の伴った活動に取り組むことができる。

| 単元名 |「その課題、6年生が輝かせます！〜"すべての"いのち輝くアイデア〜」

| 単元目標 |

・学校や地域における課題を知り、解決に向けた活動計画を立てることができる。
・自分たちの活動が課題の解決に向かっているかどうかふりかえりながら、より良い活動にすることができる。　　　　　　　　　　　　　　　　【知識及び技能】
・身のまわりの課題を見出し、収集した情報を課題の解決に向けて活用することができる。　　　　　　　　　　　　　　　　　【思考力、判断力、表現力等】
・課題の解決に向けた活動に、目的意識をもって取り組み、より良い解決に向けて自分にできることを主体的に考えようとする。　　【学びに向かう力、人間性等】

3．指導計画（60）

　○　様々な職業の、SDGsの目標達成に向けた取り組みとは。（3）
　○　「いのち輝く」ってどういうこと？（5）
　○　身のまわりにある「6年生だからこそ」解決できる課題を見つけよう。（本時5）
　○　「"すべての"いのち輝くアイデア」を計画しよう
　　　「"すべての"いのち輝くアイデア」を実行しよう
　　　計画をもう一度見直そう　　　　　　　　　　　（35）　　⟲　見直し、再計画、より良い解決策の実行
　○　自分たちの取り組みを発信しよう。（ポスター作成）（8）
　○　「ジュニアEXPO2025」報告会への参加。（2）
　○　これまでの活動のふりかえり・これからを考える。（2）

4．本時の学習

①目標

・身のまわりから課題を見出し、自分たちにできることを考えることができる。

②評価規準

・身のまわりから課題を見出し、6年生だからこそできる解決に向けた取り組みを考えている。【思】

③本時の展開

学習活動	指導上の留意点	評価規準
○前回までの学習活動をふりかえる。	・前時までに考えた「身のまわりで輝かせたい○○」から、輝かせたい理由をふりかえり、そこから身のまわりの課題に気付かせる手立てとする。	
身のまわりにどんな課題があるだろうか。		
○自分たちの身のまわりにある課題を見つけて、交流する。 ・予想される児童の発言 　学校の〜が壊れているよ。 　1年生は〜で困っているね。 　○○公園では…。	・地域や学校といった視点の意見を価値づけ、子どもたちの課題意識をより身近で具体的なものにしていく。	・身のまわりに目を向けて、課題を見出そうとしている。【態】（発言・観察）
6年生だからこそ解決できる課題は？		
○挙げられた課題から、6年生だからこそ解決に向けて取り組めることはないか考える。 ・予想される児童の発言 　○○は自分たちにできそう！ 　××は6年生だけでどうにかできそうかな？	・6年生として取り組むことができる課題を選び、どのような取り組み方で課題に向き合うことができるか具体的に問いかける。	・身のまわりから見出した課題から、6年生だからこそできる取り組みを具体的に考えることができる。【思】（発言・ノート）
○まとめをする。	・身近な課題を解決するために、6年生だからこそできること、大切にしたい思いは何か問い、考えさせる。	

学習活動	指導上の留意点	評価規準
○ふりかえりを書く。	・これからの具体的な活動計画に向けて、取り組めそうなことや自分が大切にしたいと感じたことをふりかえらせる。	

④授業の実際

> 身のまわりにある課題について交流

> 「6年生だからこそ解決できる課題は？」に対する子どもたちの考え

> ~6年生だからこそ解決できる課題は？~
> 自立、向上、信頼だと思う。なぜならこの3つは6年生の先生たちがこっちが6年生だからこの課題を解決できると思って決めたと思うから、6年生側はきっとできると思う。だから解決できる課題だと思った。

> 6年生だからこそ解決できる課題は？
> ・身のまわりのことをする。
> ウクライナとロシアの戦争を止めるとかそういうでっかい問題を、解決することはできないけど街にポイ捨てされたゴミを拾うとか身近な簡単なことは、できると思う。

> 6年生だからこそ解決できる課題は？
> ・1、2年生の世話
> 理由
> まだ1、2年生は学校のいろんなことを知らないけど、よく知っている6年生は教えられるから。

⑤授業を終えて

　「身のまわり」と聞いて子どもたちが思い浮かべたのは、家族、友だち、学校、町などであった。これまでの学習で確認してきた「いのち輝く」について触れながらそれらをどのように輝かせたいか問うと、「個性。でも友だちの前で個性を出し過ぎるのも恥ずかしいよね」「みんなで遊べば楽しいし健康になれる」「みんなが明るく幸せに過ごせるように未来を輝かせたい」「家族も友だちもみんな笑顔で過ごすことがい

のち輝くってことじゃない？」といった声が上がった。子どもたちは視点を身のまわりの人々に移して、課題に向き合うことができた。

　次に問いかけたのは、「6年生だからこそ解決できる課題」であった。ただ単に解決できそうな課題、取り組んでみたい課題を探すのではなく、「6年生だからこそ」という視点を与えることで、「学校で一番上の学年だから…」「これまで学習したことを生かして…」と考えながら身のまわりの課題を見つめ直すことができた。

　本時の中では、友だち関係をよりよくしたい、町をきれいにしたい、自立・向上・信頼（学年目標）の達成に向けて活動したい、といった意見が出た。具体的な計画が出たとは言えないが、次時以降でより具体的な意見となるよう交流を重ねることにした。

⑥以後の学習

　次時にも話し合いを続け、子どもたちが共通して解決したい課題として挙げられたのが、「使用禁止になっている遊具」についてで

あった。緩んでいるため使用禁止となっていた登り棒の話題になったとき、「危ないのにそのままでいいのか」「自分たちの使い方が悪かったのでは？」と、2つの意見が出た。また、遊び方の話題では遊具の使い方のルールの認識が人によって異なることにも気付き、「みんなが安全に楽しめる遊具と、遊び方の提案」を目指して活動することとなった。

○遊具プロジェクト①〜提案する〜

　はじめに遊具に関する問題点を把握するために、子どもたちは保健室や各学級の担任、高学年にアンケートを実施した。そして、「運動場が狭い」「高学年が楽しめる遊具がない」といった解決したいがどうしようもない問題に対して、「自分たちが校長先生にこの現状を伝えることで、何か変わるのではないか」と考え、校長先生への提案を実行することとなった。

　提案するにあたって、子どもたちは、「がんばれば自分たちで解決できそうなこと」と「本当にどうしようもないから校長先生にお願いしたいこと」を整理して、現状と解決案をKeynoteにまとめた。提案の結果、実際に運動場を広げる計画があることと、その際に6年生が提案した遊具を参考にするという話を校長先生にしてもらい、子どもたちは活動の成果があったことに喜び、自分たちで学校をよりよくすることができたという自信をもって次の活動に臨むことができた。

○遊具プロジェクト②〜下の学年に伝える〜

子どもたちがプロジェクト①を終えた後、まだ解決できていない問題がないか問うた。「新しい遊具が増えたり、みんなが安全に使える遊具になったりしても、みん

なの使い方が悪かったら意味がない」「安全に遊ぶためのルールや遊び方を伝えよう」という意見が出たが、「みんなの前で伝えるだけなら去年体育委員会でやった。でもあまり効果がなかった」という発言により、どのように伝えるか考えるところから話し合いが始まった。動画、ポスター、低学年向けのイベントと３つの方法でルールや遊び方を伝えることができた。

5．単元を終えて

子どもたちが課題を見出し、解決するために一人ひとりが考え、活動することができた単元であった。最後のふりかえりでは、みんなで協力して成し遂げたことへの喜びが多く書かれていた。また、友だちの課題の解決のために話し合い、意見を出し合う姿を知り、自分もがんばることができたというふりかえりもあった。

この単元を通して、子どもたちは遊具という身近なものから課題を見出した。自分事として、さらにはこれからも遊具を使う下の学年の目線に立って課題を想像することができた。また、課題の解決のための活動では何度もふりかえり、より良い活動にしようとする姿が見られた。そして、一年間を通して培ってきた「６年生だからこそ」という視点で物事を解決しようとする姿勢は、今後も自分事として一人ひとりが探究しようとする姿につながるものである。６年生の総合的な学習での経験を、これからの学びや成長へと生かして、次のステージで一人ひとりが活躍することを願っている。

子どもたちのふりかえり（抜粋）

・プロジェクト①では、無理だと思っていた提案が、本当に通りました。みんなで協力して何かを提案することは大切なんだなと思いました。

・いのち輝くと言われても最初は分からなかったけど、みんなの意見を聞いて納得できました。プロジェクトも最初は他の人に頼ってばかりでしたが、次の活動では積極的に意見を言うことができました。

・最初はポスターを作って貼って終わりと思っていたけど、みんなの意見で動画やイベントもして、びっくりでした。でも、みんなで話し合った成果が出て、やって良かったという気持ちになりました。

教材からよりよい生き方を創造する子どもをめざして
国語：6年「作品の世界をとらえ、自分の考えを書こう」
―やまなし―

1．想像力と創造力

　物語文の学習における、最終的なゴールは「自力読みの力」をつけることだと考える。45分の授業の中で、一人ひとりが叙述をもとに想像した読みが交流されることを通して自分の読みを深め、「この物語は○○を伝えたいのではないかな」と、自分なりの主題を創造できる力が大切ではないか。これからたくさんの物語に出合っていく児童一人ひとりが、詳しく読むための視点を小学校で学び、新たな読みを切り拓くことができるようになってほしい。

　中心人物の変容を捉え、それをもとに自分が最も強く受け取ったメッセージが主題であると、児童には伝えている。この物語文はどんなことを伝えたいのかを想像しながら、叙述をもとに読み進めていく。中心人物の変容をもとに主題を考えていくが、読み手によってその受け取りは様々である。自分の知識や経験と結び付けたり、他の物語文と比べたりする中で、多様な主題を創造することができる。主題を受け取り、それを互いに読み合うことで、より良い生き方を創造していってほしい。

　物語文を読むにあたって、学習用語（情景描写、三人称視点など）についても指導することで、読みの力を積み重ねている。多くの学習用語を習得することで、読む視点を増やし、多様な読みのできる子に育つことを願っている。

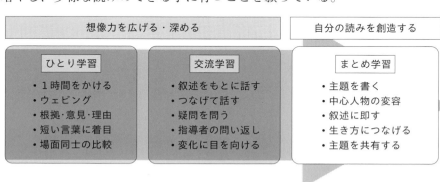

想像力を広げる・深める		自分の読みを創造する
ひとり学習 ・1時間をかける ・ウェビング ・根拠・意見・理由 ・短い言葉に着目 ・場面同士の比較	**交流学習** ・叙述をもとに話す ・つなげて話す ・疑問を問う ・指導者の問い返し ・変化に目を向ける	**まとめ学習** ・主題を書く ・中心人物の変容 ・叙述に即す ・生き方につなげる ・主題を共有する

取り上げたい学習用語
・中心人物・対人物・中心人物の変容・情景描写・行動描写・会話文・地の文
・三人称視点・一人称視点・場面・設定・展開・山場・クライマックスの一文
・結末・場面分け・作品の心・額縁構造

2．単元について

　これまでに、多くの物語文を児童は読んできている。「帰り道」では、周也と律のやり取りから２人の関わりを想像し、人と関わることの難しさや大切さについての主題を受け取ることができた。「これからは、自分の気持ちをはっきりと伝えられるようになりたい」と、周也や律の視点に立ちながら豊かに主題を受け取ることができた。

　本単元で学ぶ物語文「やまなし」は、一読しただけでは主題を受け取ることが難しい。人ではなく、かにの兄弟が中心人物であることや、幻想的な表現が多いこと、五月と十二月に起きた出来事が何を表しているのかがイメージしにくいことなどが、理由として考えられる。そこで、「やまなし」の学習の前に「サボテンの花（やなせたかし作）」を読み、サボテンが大切にしている「生きる」とは何かを考える学習に取り組んだ。物語文から「生きる」という大きなテーマの主題を受け取ることができることを児童が理解したことで、「やまなし」の描く「生きる」とはどういったものなのかを、児童は興味をもって読み進めることができるのではないかと考えた。かにの兄弟の心情を叙述に即して読み進めることを通して、少しずつ「生きる」が描かれていることに気がついていくことを願っている。

　本時では、課題に合った視点（五月と十二月でかにの兄弟たちが学んだこと）を提示することで、読みの深まるようなひとり学習ができることを期待している。それぞれが想像した読みを、黒板に整理していくことで、読みの広がりを感じさせたい。かにの兄弟たちの学びを、自分たちの「生きる」に転化する姿を期待している。

単元名「作品の世界をとらえ、自分の考えを書こう」

単元目標
・比喩や擬態語、擬声語に着目し、その表現の効果に気付くことができる。
・場面を対比・類比して読み深めることができる。　　　　　　　　【知識及び技能】
・主題を受け取ることを通して、「生きる」とは何か考えをまとめることができる。
　　　　　　　　　　　　　　　　　　　　　　　　　　【思考力、判断力、表現力等】
・粘り強く読み進め、作者が伝えたかったことは何かを考えようとしている。
　　　　　　　　　　　　　　　　　　　　　　　　　【学びに向かう力、人間性等】

3．指導計画（15）

○　「サボテンの花」の主題を受け取る。（4）
○　「やまなし」の初発の感想を書く。（1）
○　場面分けをして、五月と十二月の設定を読み取る。（1）
○　かにの兄弟の人物像を捉える。（1）
○　五月と十二月のかにの兄弟の心情を読み取る。（4）
○　かにの兄弟の学びをまとめる。（本時2）
○　宮沢賢治はどんな人物かまとめる。（1）
○　作品の心をまとめる。（1）

4．本時の学習

①目標
・4つの視点をもとに考えを交流することを通して、「やまなし」から学ぶ「生きる」についての自分の考えをまとめることができる。

②評価規準
・自分とは異なった視点の意見を取り入れて、作品の主題を書いている。【思】

③本時の展開

学習活動	指導上の留意点	評価規準
○めあてを書く。		
めあて　五月と十二月を通して、かにの兄弟たちの学びをくわしくしよう。		
○音読をする。 ○全体交流をする。	・事前のひとり学習では、以下の視点で考えを書かせている。 ①五月と十二月を比べて ②かにの兄弟の変容から ③五月から、十二月から ・五月と十二月の出来事からどんなことを学んだのかが分かるように、構造的に黒板に整理する。	
「やまなし」から学ぶ、「生きる」とは何か？		
・自分の命をなげうってでも、誰かを助ける。 ・命に対する感謝の気持ちを忘れない。 ・命を全うすることで、多くの人を幸せにできる。 ○ふりかえりを書く。	・かにの兄弟の学びをもとに、自分の暮らしに結び付けて考えるように促す。 ・仲間の考えを聞いて、自分なりの「やまなし」の「生きる」をふりかえるよう伝える。	・自分とは異なった視点の意見を取り入れて、主題を書いている。【思】

④授業の実際

かにの兄弟が学んだことは何か、ペアで話し合う。

仲間の意見を聞きながら自分の読みを深める。

かにの兄弟たちの学び

死と生はいつもとなり合わせだということ

死から逃れることはできない

「やまなし」から学ぶ「生きる」

当たり前のことは、当たり前ではない

だれかの死を糧にして生きている

本文を1枚にまとめた全文プリントを配付し、全体を読みながら自分の考えをつくる。

⑤授業を終えて

成果

「サボテンの花」「やまなし」の2教材を使い、複数の作品から「生きる」とは何かを考えたことで、多面的・多角的に「生きる」を創造することができた。

ひとり学習に十分時間をかけることで、どの児童も自分なりの読みをもって交流学習に参加することができた。叙述をもとに、かにの兄弟の五月と十二月の学びを聞き合い、それをもとに授業の終末には、「やまなし」から学ぶ「生きる」を一人ひとりが深めることができた。五月と十二月の死を比べる→かにの兄弟の学びを考える→「やまなし」から学んだ「生きる」を考える、と少しずつ自分たちに引きつけていくような流れで話し合いが進められた。「当たり前のことが当たり前ではないんだと思う。かわせみが一瞬で魚の命を奪ったように、今世界中でも命が簡単に失われている。

命は一瞬でなくなってしまう。だから大切にしなきゃだめだと思う」と、自分の知識や経験をもとにして話す児童も見られた。

課題

共感的に聞き合うことを継続的に指導してきたことで、批判的な意見が出にくいように感じた。「自分は少し違う考えなんだけど…」と発言できる児童を育てることで、読みの多様性を認め合える個を育てたい。

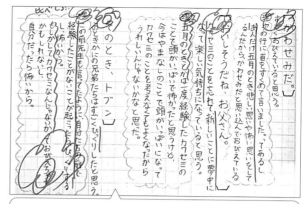

ひとり学習の時間をじっくりとることで、細かな叙述にこだわって心情を読み取ることができた。

児童自身の読みを尊重する展開だったが、「なぜ題名が『やまなし』なのか」「五月と十二月の順番が反対だったらどうなるのか」などの作者の意図に関わる発問を取り入れることで、より命についての考えが深まったのかもしれない。指導者からの、読みを深める発問を今後も研究することで、授業を通して読みの力を鍛えていきたい。

⑥次時の学習

本時の学習で考えた「生きる」を、1時間かけてじっくりとまとめた。タブレット端末で考えを共有し、互いの考えを読み合い、コメントを送り合った。自分にはなかった考え、説得力のある表現の仕方、自分も共感できるところなど、自分のまとめた主題との違いを楽しみながら読んでいることが、コメントを通して伝わってきた。

やまなしを読んで、生きるとは…

1分1秒を大切にすること だ。

最初の方に魚が何かわからない物に一瞬で簡単に命が奪われてしまって、かにの兄弟もすごく驚いていたけど、こんなに簡単に命が奪われてしまうことっていうのは、現実世界でもありえることだ。だから、1分1秒を無駄にしないで大切に生きることは、大事だな！って思った。自分は、1分1秒を無駄にしないようにしたい。でも、最後のやまなしみたいに最後の最後まで使命を果たしきった命もある。自分は、やまなしみたいに最後まで使命を果たせるようになりたい。

やまなしを読んで、生きるとは…

いつ死んでもおかしくない世界 だ。

理由は、やまなしでは魚が未知の世界から来たカワセミによって殺されてしまっているから。しかもいきなりだから、死は突然訪れてしまうことがある。それで今いきなり誰かに襲われたり、交通事故で亡くなってしまったり、いきなり謎の病気にかかってしまったりしてしまうかもしれない。毎日ニュースとかで「○○さんが亡くなりました。」というニュースが出ていて、毎日誰かが亡くっている。生きるというのはいつ死んでもおかしくない世界だと思う。

やまなしを読んで、生きるとは…

命を繋いで行くこと だ。

五月に魚がかわせみに殺されて、十二月にやまなしが死んだというようにこの物語ではたくさんの「死」があって魚の死は奪われた命で山梨の死は全うした命というふうに違っていた。でも結局最後はどちらもかわせみが食べたり、カニが食べたりと違う命につながっているから。また人も同じようにお母さんから赤ちゃんが産まれてその赤ちゃんが大きくなってまた産まれてというふうにつながっていたり、どの生き物も他の生き物を食べている。でもそれは勝手に繋がっているんじゃなくて魚だった漁師さんが捕ったりやまなしにしてもきっと農師さんがいると思うから「生きるとは命が繋がっていること」じゃなくて「生きるとは命を繋いでいくこと」だと思う。

コメントを送ろう！

「いつ死んでもおかしくないこと」は確かに！って思いました。
カワセミ、お魚、自分達の世界と比べて、実際に見たニュースのこととかも理由に入っていてすごいなと思いました！
毎日のように誰かが亡くなっている。「だから…」と続けて書けているのがすごいなと思いました😊

コメントを送ろう！

私は最後の「繋がっている」じゃなくて「繋がっていく」だと思う。って言うのがすごくいいなと思いました。
似たような文章でも、よく考えたら意味は違う、自分はこうじゃなくてこう思うんだっていう自分の意見をはっきり言えているのがいいなと思いました。あと、やまなしの授業でみんなが言ってたことも理由に入っていてすごいなと思いました。

5．単元を終えて

　年間を通して、ひとり学習→交流学習→まとめ学習の流れを繰り返すことで、児童は見通しをもって授業に参加することができていた。情景描写、行動描写、文末表現、中心人物の変容などに注目して読み、言葉にこだわって読む力がついてきた。

　「生きるとは」と、未来志向の考えを続けたことで、自然と自分の力に変えられるような主題を、一人ひとりが受け取ることができた。主題をまとめ、自分に引き付けたことで多様な考えが生まれた。多様な考えが生まれているからこそ、仲間はどのように考えているのだろうと、興味をもつことができる。自分だけではできない考えを、仲間の主題を通して知り、自分の生き方をより深く考えることができた。

　物語文における個の読みの力を鍛えることを目指して、研究を進めてきた。「サボテンの花（やなせたかし）」「やまなし（宮沢賢治）」「生きる（谷川俊太郎）」「海の命（立松和平）」から学ぶ「生きるとは」を、まとめることを通して、物語や詩から感じたことを自分の人生に生かすことを続けた。新しい世界でもたくさんの作品に出合い、多くの学びのある人生を歩んでもらいたい。

サボテンの花を読んで、生きるとは…

自分に自信を持って自分らしく生きること だ。

私は最初「自分らしく生きる」だけだと思っていたけど、みんなの意見を聞いていたら、Aさんが言っていた「自信を持たないと何事にも挑戦できない」という言葉に共感したからです。
私は自信がなかったら何かに挑戦するというのは怖いし、サボテンも一緒なんじゃないかなと思ったし、
サボテンは自分に自信を持って「僕はここがいい」って自分が進みたい道を進むことをためらわずに決めることができていたから、サボテンは自分に自信を持っているんじゃないかなと思ったからこの「自分に自信を持って自分らしく生きる」にしました。
じぶんもサボテンみたいに自分に自信を持ったら色々なことに挑戦できるんじゃないかなと思いました。

サボテンの花を読んで、生きるとは…

自分が傷ついても助け合うこと だ。

なぜなら、サボテンは旅人を助けるために傷ついた。でも、人を助けられたからいいんだって言っているから、それがサボテンの信念みたいな物なのかなって思った。
やなせたかしさんが言っていたように
『人を助けるには自分が傷つくことを覚悟しなければいけない』っていうことで人を助けるために自分の犠牲は必要なんだっていうことだと思う。

生きるを読んで、生きるとは…

日常・幸せ・不幸が合わさってこそが生きるということ だ。

わかりやすい一連では、生きている中で感じること「喉が乾く、眩しい」などがかかれている。これは、生きていくなかで当たり前なこと。そして、三連でも生活している中で当たり前だと思っている感情表現がかかれている。四連では、地球が回ることやブランコが揺れていること、犬が吠えることは当たり前なこと。兵士が傷つくことは不幸なこと。産声が上がることは幸せなこと。このことから、生きるとは「日常・幸せ・不幸」が合わさったことだと思った。

生きるを読んで、生きるとは…

世界で様々な感情を持った動物が活動しているということ だ。

この詩では、5連に分かれて様々な『生きる』について言っています。つまりこの全てが合わさったことによって人間は生きているわけで、1連目では日常生活で出会う出来事、2連目では全ての美しいものに出会う時の注意事項、3連目は動物の感情、4連目は今この瞬間で起き得ること、5連目は今世界で動物が起こす活動。これらは全て生きていないとできないので、これを全て合わさったものが生きるということなんじゃないかなと思いました。

ひとり学習から全体へ広げ、新たな考えを創造する子どもをめざして
国語：4年「一つの花」

1．想像力と創造力

　本校国語部では、ひとり学習をつなげ、深い読みを創造するというテーマを設定している。想像力は、「叙述から登場人物の心情を読み取る力」、創造力は、「自分の読みを創り、これからに生かす力」である。深い読みを創造するために、なくてはならないものとなってくるものが、叙述をもとにして、一人ひとりが自分の読みをもち、それを交流することである。そこで、本単元では、ひとり学習に力を入れて取り組んでいきたいと考えた。単元計画の中では、一時間の中にひとり学習と意見交流が行われる時間と、ひとり学習で一時間とる時間を設定している。その中で、児童にはじっくり言葉と向き合いながらひとり学習を行ってほしい。またひとり学習のときには、クラスメイトが根拠として選んだ本文を提示し、取り組んでいる途中で子どもたちがいつでもクラスメイトのひとり学習を見ることができるようにしておく。そうすることで、一人で読み進めていく中、「こんなところに線を引いているのか！」「どうしてここに線を引いたのかな？」「自分だったらここからこう考えるな」と一つの文章から、多様な読みが生まれると考えられる。そこから、自分の意見を発表したり、他者の意見を聴いたり、考えたりしながら自分の読みを創っていってほしい。そして、最後には、自分がもった物語に対する感想と、最後にもった感想との変容を感じる活動を行っていく。

2．単元について

　本教材は、戦争を題材としており、戦争があった厳しい時代のこと、そして、その厳しい環境の中でたくましく生きようとするゆみ子の家族の様子を読み取ることができる。冒頭部分では、食料不足から、「一つだけ」という言葉が口癖になったゆみ子と、その言葉を最初にはっきり覚えさせ、口癖にさせてしまったお父さん、お母さんの嘆きが描かれている。中心部分では、幼い子と妻を残して、体が丈夫でない父が戦争に行かなければならないことになる。戦争を望んでいない家族とは裏腹に、当時は国のために戦うということは名誉とされていたため、小さくばんざいをしたり、歌を歌ったりする様子も描かれている。そんな葛藤の中、家族のそれぞれのことを想う行動や発言に、家族への愛が感じられる。最後の十年後の場面では、お父さんが最後に渡した「一つの花」から対比的に表される「いっぱいのコスモスの花」や戦後たくましく生きているゆみ子とお母さんの姿が描かれている。しかし、豊かな時代に生まれ

育った現代の子どもたちに、作品の想いがそのまま受け止められるかと考えると、それは難しい。現代の日本は物語の時代と違い、食べ物、生活用品、娯楽用品などに溢れている。だからこそ、歴史的・社会的な状況を考えながら、細かに読み取っていくことが大切になってくる。そして、いつの時代でも、親が我が子に健康に成長してほしいという想いをもっていることに気付き、この作品から親の子どもに対する愛情を感じ取ってほしいと考える。

　本教材の特徴として、三人称客観視点で書かれていることが挙げられる。その中で「〜でしょうか」と問いかける文章や、「〜のように」という比喩表現が出てくる。さらに花や見送りの場面では、対比的に描かれている部分が多い。こうした文中のたくさんの表現に注目させることで、児童の想像を深めていくことができる。また、本教材でキーワードとされている「一つの」や「一つだけ」という表現についても、それぞれの違いを比べながら、場面の比較へとつなげていきたい。

[単元名]「一つの花」

[単元目標]

・様子や行動、気持ちや性格を表す語句の量を増やし、語彙を豊かにすることができる。　　　　　　　　　　　　　　　　　　　　　　　【知識及び技能】

・お母さんや、お父さんの気持ちの変化や性格、情景について、場面の移り変わりと結び付けて具体的に想像することができる。　　【思考力、判断力、表現力等】

・お母さんやお父さんの行動や気持ちなどについて、叙述をもとに捉えることができる。

・「一つの花」が象徴することについて、自分の考えをもつことができる。

・お母さんやお父さんの気持ちの変化や性格、情景について、場面の移り変わりと結び付けて粘り強く想像し、学習課題に沿って、物語の感想を書こうとする。

　　　　　　　　　　　　　　　　　　　　　　【学びに向かう力、人間性等】

３．指導計画（９）

　○　「一つの花」の初発の感想を書く。（１）

　○　物語の設定場面と結末場面を整理する。（１）

　○　一場面を読み、お父さん、お母さんの気持ちや生活の様子を読み取る。（２）

　○　二場面を読み、お父さん、お母さんの気持ちを読み取る。（１）

　○　三、四場面を読み、お父さんの気持ちを読み取る。（２）

　○　五場面を読み、十年後の生活の様子を読み取る。（１）

　○　はじめの感想から、変わったところをまとめ、発表する（１）

４．本時の学習

①目標

・四場面のお父さんが汽車に乗って戦争に行く場面で、「一つだけ」に託されたお父

さんの想いを読み取ることができる。

②**評価規準**

・四場面のお父さんの気持ちや想い（別れでゆみ子が泣かないようにしたこと）、（顔を見ただけで想いが溢れ、見れなかったこと）、（一つだけの花に込められたお父さんの想い）を書いたり、発表したりしている。【思】

③**本時の展開**

学習活動	指導上の留意点	評価規準
三場面の、お父さんの気持ちを話し合おう。		
○三場面を音読し、この場面がどんな場面か考える。 ・お父さんが行ってしまう場面。 ・もう会えなくなるかもしれない場面。 ○前時のひとり学習についてペアトークをして、自分が言いたいところを決める。 ○ひとり学習を全体交流する。 ・「みんなおやりよ」 ➡優しい。 ➡お父さんもやっぱり泣いてほしくない。 ・「泣き出してしまいました。」 ➡最後なのに泣かせてしまった。お母さんががんばってあやしてくれたのにだめだった。 「コスモスの花を見つけたのです。」 ➡やった。これをゆみ子にあげよう。喜んでくれるといいな。 ・「わすれられたように」 ➡花に気を配っている余裕がなかった。 「一つだけのお花、大事にするんだよ──。」 ➡自分には今これしかできない。大切にしてほしい。	・これまでの学習をノートや、前時の板書などを見て、ふりかえらせるように促す。 ・「いよいよ汽車が入ってくると」に注目させ、この場面がお父さんとの別れのシーンだということを押さえる。 ・ひとり学習のときには、電子黒板にクラスメイトがどこに線を引いているか分かるように提示し、そこから想像できることを書いてもよいことを伝える。 ・ひとり学習で、全体で押さえておきたいことが出てきたときは、ペアトークで確認させる。	・四場面のお父さんの気持ちや想い（別れでゆみ子が泣かないようにしたこと）、（顔を見ただけで想いが溢れ、見られなかったこと）、（一つだけの花に込められたお父さんの想い）を書いたり、発表したりしている。【思】（ノート・発表） ・進んで登場人物の気持ちの変化や性格、情景について、叙述をもとに粘り強く想像している。【態】（ノート）

学習活動	指導上の留意点	評価規準
「何も言わずに」、「一つの花を見つめながら」 ➡自分が泣いてしまいそうだったのかもしれない。 ➡見たら行きたくない気持ちが増えてしまう。	・お父さんのゆみ子に対する想いを読み取らせ、それなのになぜたくさんあげなかったのかを考えやすくする。	
お父さんは、なぜ「一つだけ」花をあげたんだろう？ ○ペアトークをする。 ○お父さんの「一つだけ」にはどんな想いがあったのかを考える。 ➡一つだけを大事にできる子になってほしい。 ➡ゆみ子と重ねて、元気に大きくなってほしい。 ○ふりかえりを書く。	・その想いが誰に受け継がれたのかを問う。	

④授業の実際

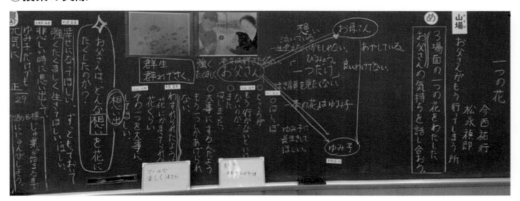

自分の読みを共有する。「ここに線を引いて…」「そこから自分が考えたことは…」

ひとり学習のときに児童が引いた線を電子黒板に映す

⑤授業を終えて

成果

　今回単元の導入から、「一つの花」の作品の時代の生活がイメージしやすいように、当時に使われていたもの、人々の様子、町の様子、食べ物を調べる学習をした。戦争の時代を体験していた方にお話を聞き、子どもたちに伝えるようにした。実際に当時の状況に詳しくなり、子どもたちの興味関心が「一つの花」に向き、学習に取り組む姿勢が変わったのを感じた。そのことから、物語文を進めていく上で、その物語に入り込み、イメージを具体的にし、単元を進めるために作品の情報を集めることは大切だと感じた。

　ひとり学習では、単元を通して文章とじっくり向き合う時間を確保した。しっかりと意欲をもって文章と向き合う時間は、一人ひとりの読みの力をつけるのだと感じた。単元を進めていくごとに子どもたちの細かい言葉に注目することができる人数が増えてきた。そのために行った児童のひとり学習で線を引い

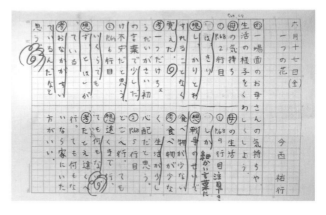

たところを電子黒板に映し、それをもとに自分の考えを書く活動を取り入れることで、クラスメイトの考えを想像しながら自分の考えを書いていくことができた。またひとり学習の際には、抜き出した文、そこから分かったこと、そこから考えたことをそれぞれ分けて書かせた。分かったこと、考えたことを分けることで、同じ叙述からでも様々な読み、深い読みにつながるきっかけとなった。

　成果で記載したひとり学習であるが、課題もあった。ひとり学習をしているときに、「自分の本文プリントを見る」「ノートに書く」「電子黒板を見る」など、活動がたくさんあり活動を進められない児童が単元を通して見られた。ひとり学習をもとに交流していく授業の際に自分の意見、相手の意見を比較しながら新たな自分の考えを創造していってほしいという思いをもって進めていった。その中で、交流する材料を準備できない状態の児童がいることに課題を感じた。全員が同じように活動できるような方法、工夫を考えていきたい。

　今回の単元では、自分が子どもたちにどんな読み取りをしてほしいのかということを意識するあまり、単元を通して教師主導の授業を展開してしまっていたと考えられる。本時では、子どもたちが考えていきたいことと、担任自身が考えてほしいと思っていることに大きなズレがあり、子どもたちが考えていきたい問いを追いかけることができなかった。自分が思いをもっておいて、柔軟に子どもたちの考えたいことも含めて授業を展開していく必要があったと考える。

5．単元を終えて

　一年間の国語科の授業を通して、ひとり学習について研究を進めてきた。その結果として、子どもたちの文章の一つひとつの言葉に対するアンテナが高くなってきているように感じる。最初は、文章中の一文をそのまま抜き出し、分かったこと、考えたことを書いていくひとり学習であったが、継続していくうちに、一文ではなく、それより短い言葉に注目して登場人物の様子や感情を読み取ることができるようになってきた。それができるようになったことで子どもたちは、より細かい登場人物の様子、感情を読み取ることができた。ひとり学習では、各物語教材での積み重ねで自分の読みを創り出すことができるようになったが、それを共有する場面で、クラスメイトに伝えていくことができない児童が多かった。それは自信のなさや恥ずかしさなどからくるものであると考える。自分の意見や、考えを共有することで、新たな自分の考えを創造することが大切であると考えられるため、これから自分の意見を伝えたくなる発問、共有する機会の取り方など、自分の意見を発信していくことについての研究を進めていきたい。

図を根拠に考え創造する子どもをめざして
算数：1年「たしざんとひきざん」

1. 想像力と創造力

　算数部では、「既習とつなげる・友だちとつなげる・自分とつなげる」をテーマに、研究を進めてきた。その中で、授業の過程を①問題と出合う、②自力解決、③交流、④ふりかえりの4つに区切り、想像力と創造力を働かせる場面を設定している。本単元での研究において、想像力と創造力を働かせる場面を、次のように考え、授業実践を進めた。

場面		単元
①問題と出合う	想像力	・問題文の意味を理解し、これまでの問題との違いや同じを見つける。（既習） ・問題文から答えを予想する。（予想） ・加法か減法か、また、どんな式になるのかを大まかに考える。（考え） ・図表現を用いることで問題の意味をより深く捉えられないかと試みる。（表現）
	創造力	図を表して考えることの良さに気付けるようなめあてを立てる。
②自力解決	想像力	実際の場面を思い起こしながら、また、これまでの学習のまる図を思い出しながら、本時の問題に取り組む。
	創造力	自分の考えを図や言葉を用いてノートに説明を書く。
③交流	想像力	ペア交流では、友だちの考えをノートを見せてもらいながら聞いて理解しようとする。全体交流では、友だちが言おうとしていること（気持ち）を考えながら聞く。
	創造力	友だちの考えを見て、自分の考えとの共通点や相違点に気付く。問題場面を表した図と、式をつなげて、共通点に気付く。 また、学習したことをもとに、自分たちの言葉で学習をまとめる。

場面		単元
④ふりかえり	想像力	リード文につなげて、学習をふりかえる。 ・不思議に思ったことは〜。 ・今日の勉強でがんばっていた人は〜。 ・自分で問題を作ってみたら〜。 ・友だちの考えをいただきます！すると〜。
	創造力	リード文につなげて、学習をふりかえる。 ・今日の勉強を分かりやすく言うと〜。 ・今日の勉強の新しいことは〜。 ・今日の勉強で悩んだことは〜。 ・今日の授業のキーワードは〜。

2. 単元について

　本単元では、順序数を含む加法・減法、異種の数量を含む加法・減法、求大や求小の場合の加法・減法について新たに学習した。これまでの学習の中で、加法・減法が用いられる具体的な場面を、＋や－の記号を用いた式に表してきた。本単元では、問題文の中の数量を他の数値に置き換えることにより、加法・減法を適用できるようにし、加法・減法の用いられる場面や意味を拡張していく。

　式に表すこととあわせて、式を読むことができるようにする。つまり、式を具体的な場面に即して読み取ったり、式を読み取って図や具体物を用いて表したりする活動を重視した。

　本学級の児童はこれまでの学習において、○を用いた図で表したり言葉で表現したりすることに慣れ親しんできている。一方で、順序数と集合数の意味の混同が一つの課題である。また、授業では、数値の意味を考えずに、「問題文に５と３が出てきて、あわせてだから５＋３になる」と理由づけて立式する児童も多い。これらの課題に対して、問題場面を再現することによって、問題を自分事として捉えなおし、問題に出てくる数値の意味を考えられるようにしたい。

　上述したように、計算領域の学習においては、様々な方法で自分の考えを表現してきた。例えば、式やさくらんぼ図、まる図、くらい図（右図参照）、文字での説明である。これらの表現を通して、自分の考えと友だちの考えを見比べて、「見た目は違っても、同じところがある」ということに気付けるようになってきた。本単元でも、図表現から式を作っていく。図表現を立式の根拠として用いるだけでなく、友だちが作った式の意味を、図を用いて説明することに

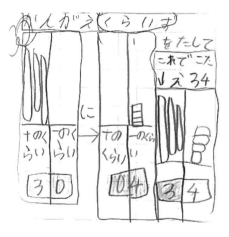

も取り組み、数学的な見方・考え方を育んでいきたい。

3．指導計画（6）

- ○　求大の場合について、加法が適用できることを理解する。（2）
- ○　求小の場合について、減法が適用できることを理解する。（1）
- ○　順序数を集合数に置き換えると、加減法が適用できることを理解する。（1）
- ○　異種の数量を同種の数量に置き換えると、加減法が適用できることを理解する。（1）
- ○　場面を図に表して問題の構造を捉え、式や言葉を用いて説明することができる。（1）

4．本時の学習

①目標
・場面を図に表して問題の構造を捉え、式や言葉を用いて説明することができる。

②評価規準
・図に表して問題を解決した過程や結果をふりかえり、その良さに気付いている。【態】
・数量の関係に着目して、図を用いて問題の解決の仕方を考え、自分や他者の考えを、式や言葉を用いて説明している。【思】

③本時の展開

学習活動	指導上の留意点	評価規準
○問題に出合う。 先生の まえには 3人 います。 うしろには 5人 います。 みんなで なん人 いますか。		
○ふきだしを書く。 （既習とつなげる） ・問題場面を再現し、答えが8人ではなく、9人になることを確かめる。 ・図を確認する。 下の先生 まえ ○○○○●○○○○ うしろ かんたんな ならびずで しきと こたえを せつめいしよう。	・式には触れず、答えだけを確認する。 ・図で考えるとどうなるかを確かめさせる。	
○自力解決 ○交流 ・自力解決した考えを発表する。		

学習活動	指導上の留意点	評価規準
どれが 正しい しき なのかな？		・数量の関係に着目して、図を用いて問題の解決の仕方を考え、自分や他者の考えを、式や言葉を用いて説明している。【思】(観察・ノート) ・図に表して問題を解決した過程や結果をふりかえり、その良さに気付いている。【態】(観察・ノート)
（友だちとつなげる） ・複数の考えの似ているところや違うところを見つけ、交流する。 ○まとめをする。 ・問題文にない数字を、問題にあわせて使ってもいい。 ○ふりかえり ・今日の勉強を分かりやすく言うと〜。 ・今日の勉強の新しいことは〜。 ・今日の授業のキーワードは〜。	・同じや違いに着目させる。 ・児童の気付きを板書する。 ・問題文に帰着させる。 ・視点を与える。	

④授業の実際

問題場面の再現

先生のまえに3人、うしろに5人だから、みんなで9人だね！

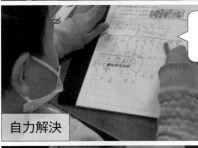

自力解決

まる図を使ってみると…

わたしは、こうやって考えたんだよ！

ペア交流

全体交流

ペアの人と話していて、困ったことがあって、式がペアの人と違っていた

先生を入れた4人とうしろの5人で…

全体交流

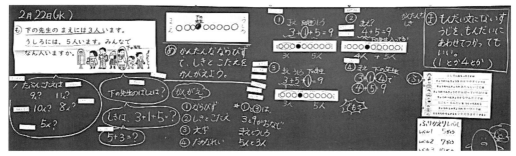

⑤授業を終えて

　本時では、「ならびず」を全体で共有した後に、自力解決で式を考えた。問題文にない「1」は先生のことだと「ならびず」を根拠に説明することができた。一方で、児童から2つの数の計算（4＋5＝9）が簡単な式で分かりやすいという意見が出た。この「4」には先生が入っているということは確認したが、4が前の3人と先生を合わせた数であることや、3つの数の式で表す良さについては話し合いが不十分だった。立式の根拠だけでなく、考え方の良さについても丁寧に扱うようにするべきであった。

⑥子どもたちのふりかえり

　本学級では、算数の授業のふりかえりを書く際、児童に右図を提示している。ふりかえりのリード文を見て、児童がふりかえりを書くことで、自分が1時間で学んだことや困ったことを書き出しやすくなっている。慣れてきた児童は、リード文を使わず、自分で考えて書くようになった。

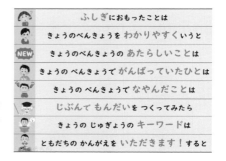

ふしぎにおもったことは、なんで3＋1がでてきたのかな。先生が入ってなんで3＋1になるのかなとおもいました。ふつうに4＋5にしたらいいのに。そのほうがけいさんがかんたんだよ。

3＋5にしている人はまちがっていて、3＋5だと、先生のまえに3人いて、うしろに5人だから、先生が入っていない。だから、しきは、4＋5で、こたえは9です。

きょうのべんきょうをわかりやすくまとめると、4つのしきには、ぜんぶおなじところがある。
1つめは、ぜんぶこたえが9人になっているところ。
2つめは、ぜんぶまえとうしろの人ずうがしきにはいっているところです。

みんなが①②③④のしきをかんがえて、ちがうから、どれかわからなかった。でも、こたえがぜんぶいっしょで、ふしぎでした。

⑦次時の学習

　本時で3つの数の式で表す良さについて十分に話し合えなかったため、次時では類題を取り上げ、「どんなしきがわかりやすいか、かんがえてみよう」とめあてをたて学習した。

問題 ぞうのまえに2ひき、うしろに5ひきいます。ぜんぶでなんひきいますか。

まとめ

きょうのべんきょうをわかりやすくいうと、しきは、ならびずのじゅんばんやもんだ

いぶんのじゅんばんにあわせてつくるとわかりやすい。

5．単元を終えて

　第1時では、ある児童が作ったおにぎりと人を線でつなぐ図をクラスで共有し、「つなぎず」と呼ぶことになった。さらに、図をかくときには○や△や□を使って簡単にかくことが良いと気付くことができた。第3時（求小）では、「つなぎず」に点線の○をかけば少ないことが分かりやすいという児童の発言もあった。第4時では、「つなぎず」では表せないため、「まるず」を応用して、「ならびず」を児童が考えた。第5時では、みんなで確認した「ならびず」を基本として、問題に合うように「かいぞう」してもいいという発言も

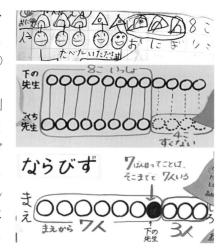

あった。児童らは図表現をもとに立式し、説明を書いていた。また、電子黒板に提示された友だちの図表現を見て、その友だちがどう考えたのか想像する姿も見られた。

　問題把握の場面で児童が問題に対して思ったことを自由にふきだしに書くことで、問題をしっかり読もうとし、既習とつなげて解決する見通しを立てることができていた。さらに、自力解決の流れを提示することで、児童が自分の考えを書くことができた。交流では、図表現と式をつなげて、式にある数の意味を深く考え、立式の根拠をもつことができた。そして、「つなぎず」や「ならびず」といったクラス内での図表現が創造された。また、他の児童の図からその児童の考えたことを想像することは、数学的な見方を育むことにもつながったと考えられる。ふりかえりでは、自分で適用問題を作ったり、新しく学んだことを自分の言葉で分かりやすく説明したり、昨日までの学習内容との違いを書いたりすることができた。先述した目標が達成できたと考える。

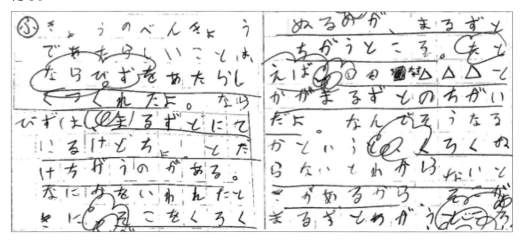

数のきまりを見出し、
生活に生かそうとする子どもをめざして
算数：6年「比例と反比例」

1．想像力と創造力

　本校の算数部では、「既習とつなげる・友だちとつなげる・自分とつなげる」をテーマに、授業の過程を①問題と出合う、②自力解決、③交流、④ふりかえりの4つに区切って、想像力と創造力を働かせる場面を設定した。本単元「比例と反比例」での研究において、想像力と創造力を働かせる場面について、次のような手立てで授業実践を進めた。

場面		単元	手立て
①問題と出あう	想像力	・問題文の意味を理解し、これまでの問題との違いや同じを見つける。（既習） ・問題文から答えを予想する。（予想） ・比例の関係のきまりに着目し、既習の知識とあわせて考える。（考え） ・数直線や4マス関係表などを用いて、比例の関係を表現し、整理する。（表現）	○ふきだしを書いて、問題を捉え、見通しをもつ時間を設定する。 ○友だちの考えを例として共有する。 ○本時のヒントになる、既習の考えを想起させる。 ○実生活の場面を例で出したり、だいたいの数量をイメージしたりする。
	創造力	何をどのように考える時間なのか、明確な活動内容を含めためあてを、児童の言葉で組み立てる。	
②自力解決	想像力	実際の場面を思い起こしながら、また、これまでの学習の比例の性質を思い出しながら、本時の問題に取り組む。	○困っている児童には、お金やお菓子などの具体物で想像させる。
	創造力	自分の考えを数直線や4マス関係表、その他の図、言葉などを用いてノートに説明を書く。	○図や表をかいて、考えを視覚化するよう促す。 ○早く書き終わった児童には、伝わりやすい発表の台本を書かせる。

場面		単元	手立て
③交流	想像力	ペア交流では、友だちの考えを、ノートを見せてもらいながら聞いて理解しようとする。全体交流では、友だちが言おうとしていることを想像しながら聞く。	○つなぎ言葉を提示する。 ○友だちの考えを聞いた後、ペアで同じ説明をさせることにより、追体験させる。 ○つけたしでも発表するよう促し、自分の考えと友だちの考えをつなげる機会をつくる。 ○子どもの言葉でまとめをする。
	創造力	友だちの考えを知り、自分の考えとの共通点や相違点に気付く。問題場面を表した図と、式をつなげて、共通点に気付く。 また、児童の言葉で、本時の学習をまとめる。	
④ふりかえり	想像力	想像力につながるような視点を与える。 ・友だちの考えから学んだこと ・他の数だと… ・また使えそうな考え方は…	○書き出しやキーワードを指定する。 ○目標の文字数を提示する。 ○これからの生活や学習に生かせそうなことを書かせる。
	創造力	創造力につながるような視点を与える。 ・他の生活場面でも… ・今日の学習で分かったこと ・新たに気付いたこと	

2. 単元について

　本単元では、伴って変わる2つの数量を見出して、比例・反比例の関係に着目し、「変化のきまり」や「対応のきまり」を考察し、関数的に考える力を伸ばすことを目標としている。第5学年の比例の学習をもとに、生活や学習に比例が活用できる場面を見つけ、「比例の関係にあるとみる」ことで、問題解決の方法を日常生活に生かす良さを味わうことができると考えた。

　本単元を指導するにあたり、最後まで粘り強く意欲的に問題に取り組み、どうすればうまく伝わる説明ができるかを考えられる子どもに育てることを目標に設定した。また、比例の関係のときに成り立つきまりに着目し、比例の式や「決まった数」について考察する力や、比例のグラフを用いて、2つの数量の関係を表現し、変化や対応の特徴を見出して問題解決に活用できる力を身につけてほしいと考えた。

　本学級の児童は、「○は□に比例する」という「比例」の定義をおおむね理解しており、分数のかけ算やわり算などの授業でも、発表する際に「比例」という用語を用いている姿が見られた。また、いくつかの数を4マス関係表や数直線で表し、矢印な

どで結んで比例関係を説明することができていた。しかし、表やグラフで表現したり読み取ったりすることが困難な児童もいる。その要因として、見えたものから必要な数値や情報だけを的確に読み取ることが難しいことが考えられた。

友だちの考えを知るだけでなく、複数の意見をつなげて考えられるよう、「３つの考えの同じところと違うところはどこかな」という発問で展開をつくる。そうすることで、算数科における創造的な活動に発展するのではないかと考える。

3．指導計画（15）

- ○　比例の関係に着目し、小数倍、単位分数倍のときも、倍の関係が成り立つか考える。
- ○　２つの数量の変わり方の割合に着目し、比例の関係について考える。
- ○　比例の式や「決まった数」の多様な意味について考える。
- ○　「決まった数（定数）」にする部分を変え、比例の式について考える。
- ○　比例関係にある２つの数量の値に着目し、比例のグラフの特徴を考える。
- ○　比例のグラフに着目し、式や表の利用とともに事象の様子を考える。
- ○　２本の比例のグラフに着目し、それぞれの特徴や事象の様子などを考える。
- ○　比例関係にある数量を見出し、問題解決を図る。（本時）
- ○　比例関係に着目し、問題解決を図る。
- ○　学習内容を適用して、問題解決を図る。
- ○　反比例する２つの数量の関係に着目し、反比例の性質について考える。
- ○　２つの数量関係に着目し、反比例について考える。
- ○　反比例のときに成り立つきまりに着目し、反比例の式や関係について考える。
- ○　反比例の関係にある２つの数量に着目し、反比例のグラフの特徴について考える。
- ○　単元のまとめ

4．本時の学習（8/15時）

①目標
・比例の関係を活用した問題解決の方法を考え、表や式を用いて説明することができる。

②評価規準
・比例の関係を活用した問題解決の方法について、自分の考えをノートにまとめ、友だちに伝えている。【思】

③本時の展開

学習活動	指導上の留意点	評価規準
○問題に出あう		
貯金箱の500円玉の枚数と金額を求めましょう。		
○ふきだしを書く。 （既習とつなげる）		

学習活動	指導上の留意点	評価規準
・入れ物の重さを引いた重さを量れば分かる。 ・枚数が変わると高さが変わる。 ・高さは正確じゃない。 ・1枚だけの重さは正確に量れないから、10枚の重さを量る。	・実際に500円玉1枚の重さが正確に量れない様子を見せる。 ・500円玉の重さが変わると、それに伴って変わる数量が何かを考えるよう促す。	
10枚の重さをもとに、500円玉の枚数の求め方を考えよう。		
○自力解決 ・ペア交流 ○交流 ・自力解決した考えを発表する。 ・1枚の重さ7gを250倍にした重さが1750gだから、貯金箱の中には250枚入っている。 ・比例の性質に注目して、10枚の25倍が250枚だから、重さも25倍する。 ・表を縦に見て、決まった数を70÷10で求めて7になる。1750÷7で250枚。 ○まとめをする。 ○ふりかえりを書く。	・必要に応じて、表や式をノートに書くよう伝える。 ・考えが浮かばない子がいる場合は、書けている子の例を共有する。 ・机間指導でうまく話せていないペアがあればフォローする。 ・表や図をかきながら説明するよう促す。 ・分かったこと、考えたこと、他にも生活で比例を使えそうな場面を書くよう伝える。	・比例の関係を活用した問題解決の方法について、自分の考えをノートにまとめ、友だちに伝えている。【思】（観察・ノート）
だったら、他にも比例の考えが使える場面はありますか。		
（自分とつなげる） ・普段の生活場面で使う。 ・バッティングセンターは20球で300円。6000円あるから、400球打てる。これは比例の考えが使える。 ・他にも使える場面はありそうだ。	・次時の見通しをもたせる。	

④授業の実際

協働的な学び

重さは枚数に比例しているから…

比例の考えが使えそうなのは分かるんだけど…

普通に数えると面倒だなぁ…。何か簡単な方法はないかな…。例えば…

ペア交流の場面

10枚の重さをもとにするということは…
つまり、10枚で70グラムという情報を使えばいいということ。1750グラムが何枚かを、比例の性質を使って計算で求められると思います。…どうですか？

全体交流の場面

比例の性質を使って、入れ物の中の500円玉の枚数が求められると思う。1750グラムは70グラムの25倍だから…。
10枚を25倍すれば1枚1枚数えなくても枚数が求められます。

⑤授業を終えて

　本時では、「貯金箱の中の500円玉の枚数を求めましょう」という問題を設定した。ふきだしを書くと、地道に数えれば分かるという意見が出た。しかし、それに対して、「正確じゃない」「もっと数が増えたら数えられなくなる」という意見が出てきた。この、「もっと増えた場合…」を想像できたことは、成果の一つである。そのあと、10枚の重さをもとにして考えていくことになる。ここで数字を整理すると、今までにも使ってきた「4マス関係表」が使えることに数人が気付いた。「重さが25倍になっているから、枚数も25倍だと思う」という考えが多かった。一方で、数だけに着目して、「70を7でわると10だから、1750も7でわると250になる」と発言した子がいた。この「7」は比例定数のことである。また、本時では触れられなかったが、並べた500円玉の直径が分かれば、同じように比例の考えを使って求められそうだとノートに書いている子もいた。このように、いろいろな視点をもつことができるようになったのは、本時の最大の成果であると言えるだろう。

　しかし、個々で見たときに、自分の考えをもち、それを表現できていない子もいる

ことが課題である。算数部の研究テーマである「自分とつなげる」、つまり自分の経験や知識から、自分なりの考えや視点をもつ力を育てていくことが、今後の課題であると強く感じた。

⑥子どもたちのふりかえり

今日はお金の枚数を求めるときにも比例の考えを使うことができるということが分かりました。また日常では違うパターンでも使うことができると思いました。お金の枚数が分かるなら、箱の中の食べ物でも分かりそう。

じゃがいも農家の人も比例の考えを使っていそうだと思った。

他の生活場面でも、4マス関係表を使うと簡単に求められそう。
これから使っていこうと思った！

10枚の500円玉の重さと、全体の重さを測るだけで、500円玉が何枚入っているかが分かるのはすごいと思った。比例は便利だと感じた。お菓子を作るときにこの方法を使えば楽だと思った。

今日学んだ比例の考え方を使って、□%offのA店と○%offのB店のどちらが安いかも考えられるかもしれない。

5．単元を終えて

　子どもたちが比例の問題を考えるときに、比の考え方などの既習事項をヒントにふきだしを書いて、見通しをもてるようになったことが成果である。比例の性質について説明するときに、「一方が○倍になれば、もう一方の数も○倍になっているという特徴は、比の特徴と似ている」と発言した。そして比例関係にあるかどうかを判断する場面では、比の学習で得た知識や考え方が応用できることに、子ども自ら気付くことができていた。これは、算数部が目指した子どもの姿の一つである、「既習とつなげる」が実現した瞬間だったと言える。また、友だちの考えを傾聴し、その考えを自分のものにしようとする子どももいた。じっくりと耳を傾けてノートに書き、次の授業で見返しながら、今回の問題に使えるかどうかを確認する姿が見られた。これは「友だちとつなげる」姿だ。この単元で、比例の性質をいろいろな視点で説明していく中で身についた力である。

　一方、この単元で最も感じたことは、土台をそろえることの難しさである。算数科はそれぞれの分野において、6年間の積み重ねが重要である教科だと考える。まず、5年生で学習する「伴って変わる量」の単元で、子どもたちなりに比例というものを捉える。ここで単に数のきまりを知るだけの子と、比例を感覚的に捉え、生活場面での身近な比例のイメージをもつことができる子との差が生まれる。このイメージがあるかないかで、6年生での比例・反比例を、どれだけ深く、多角的な視点で考えることができるかが左右されるように思う。改めて、付け焼き刃ではうまくいかない、算数科の系統的な特徴と、その難しさを感じた。

問題解決学習を通して、新たな考えを創造できる子どもをめざして 社会：4年 「健康なくらしをささえる」 ―住みよいくらしとごみ―

1．想像力と創造力

　これからの時代を生き抜く子どもたちに身につけてほしいことは「熟考して自分の考えをもつ」ということである。自分の人生を自分で選択したり決めたりしてほしい。そのためには、物事の良し悪しを見極めて自分の考えをもち生きていく必要がある。小学校社会科では、社会的な見方・考え方を働かせ、課題を追究したり解決したりする活動を通して、自分の考えをもち、クラスの友だちと協働的な学びを展開していきたい。さらに、一人ひとりが地域社会の一員であることを自覚し、自分にできることやこれからの生き方について熟考してほしい。

　社会科で協働的な学びを実現するためには、単元の中に想像と創造を意図的に取り入れることが効果的だと考える。資料を多角的に捉え、一人ひとりの想像を共有することで協働的な学びの出発点となる。次に、クラスで解決したい学習問題の答えを想像する。そうすることによって、友だちとの考えの違いが明らかになり、調べていく方向性が定まってくる。そして、情報収集・整理・分析・まとめる活動を通して、自分の新たな考えが創造され、その創造された知識を発信し合うことで、また新たな考え方が創造される。このように、想像と創造を単元に取り入れることで、協働的な学びとなり、熟考して自分の考えをもつことができると考えている。以下が単元の流れである。

学習の流れ	内容
①学習問題の設定	資料から多角的に捉え、既習とのズレなどを生み出す。
②情報収集	本、教科書、ネットなどから自分の問いに必要な情報を集める。
③整理・分析	ロイロノート、学習ノート、画用紙などを使って、必要な情報を整理する。
④まとめる	整理した情報を相手に分かりやすいようにまとめる。
⑤発信	まとめた自分の考えを伝える。
⑥ふりかえる	学んだことをもとに、新たな自分の考えを創造する。

2．単元について

　本単元では、廃棄物の処理と自分たちの生活やごみ処理の対策と事業が計画的・協力的に進められていることを調べまとめる。そして、ごみ処理に関わる対策と事業は

地域の人々の健康な生活の維持と向上に役立っていることに気付くことがねらいである。また、増え続けるごみに対して、近年では、日本各地で様々な対策が取られている。スーパーマーケットでは、マイバッグ持参が勧められており、できるだけレジ袋を使わないようにしている。洋服や靴などの不要になった物は、捨てずにフリマサイトや古着屋などを活用している人々が多くなった。一方で、ごみ問題は廃棄物の増加や産業廃棄物の不法投棄など、年々深刻さを増している。また、大量生産・大量消費という社会の中で「もったいない」という物を大切にする姿勢も失われてきているように感じる。これからの時代を生きる児童にとって、ごみの問題は避けては通れない問題であり、自分たちで解決しなければならない課題である。ごみを減らすために地域の人やごみ処理事業に関わる人々が、どのような工夫や努力をしているのかを調べまとめることにより、児童一人ひとりがごみ問題をより身近な問題として捉えることができる。そして、ごみを減らすための取り組みを考えることによって、物を大切にする態度が養われるのではないかと考える。また、今の暮らしの良さについて考え、この住みよい暮らしの状態を保ち続けたいという意識をもたせたい。

　本時では、導入部分で最終処分場の動画を児童に見せる。この動画を見ることで最終処分場の残余年数が20年ほどしかないことに気付くことができる。処分することのできなくなった廃棄物がどうなるかを想像することによって、既習ではそこまで深刻に考えていなかったごみ問題に対してズレが生まれる。そのため、一人ひとりがごみを減らす取り組みを考え実行していく必要があることに気付かせ、興味関心をもって授業が出発できると考える。展開では、最終処分場の残余年数が20年であることを知り、そのためにごみを減らす取り組みを考える。想像と創造で子どもたちがつながるために、自分の思いをもって協働的な学びとなるように構成していく。まずは自分の考えをしっかりともつために、調べ方を自分で選択できるように流れを設定した。自分に合った調べ方で問題解決をすることによって、意欲的に活動ができる。まとめる際には、シンキングツールのキャンディ・チャートを活用することによって、「仮定・条件→結果→根拠」の順となり、相手に伝わりやすいように説明ができる。次に、調べまとめたことを伝えた後には、シンキングツールのダイヤモンドランキングにテキストを入れるように促す。ダイヤモンドランキングで自分が一番大切だと思うごみを減らす取り組みを決め、クラス全体で自分の考えを交流する。そうすることによって、自分と他者の考えの違いが明らかになり、一番大切にしたい取り組みが変わり、新たな自分の考えが創造されたり、一番大切にしたい取り組みは変わらないが、根拠がさらに具体的に創造されたりすることがねらいである。まとめでは、ふりかえりにごみを減らす取り組みについて根拠を明確にして書く。

単元名 「健康なくらしをささえる」 ―住みよいくらしとごみ―

単元目標
・地域の人々の健康な生活を守るために、ごみの処理と再利用などが計画的・協力的に進められていることやごみが増え続けていることにより様々な問題が起こっていることに気付き、ごみを減らすための取り組みが大切であると理解することができる。　　　　　　　　　　　　　　　　　　　　　　　【知識・技能】

・ごみの処理が計画的・協力的に進められていることによって、地域の人々の健康な生活の維持と向上が図られていると考えることができる。　　　【知識・技能】

・ごみの処理や再利用について調べて、その必要性や地域の人々の協力の必要性について考え、表現することができる。　　　　　　　【思考・判断・表現】

・ごみの処理と人々の生活との関わりに関心をもち、ごみ対策や具体的な処理について進んで調べている。　　　　　　【学びに向かう力、人間性等】

3．指導計画（9）

○　どうして、ごみの量が増え続けているのかを考えよう。

○　学習問題に対する自分の考えを交流しよう。

○　学習問題を解決する計画を立てよう。

○　自分の疑問を調べてまとめよう。パート①

○　自分の疑問を調べてまとめよう。パート②

○　調べてまとめたことを伝えよう。

○　ごみを減らす取り組みを考えよう。（本時）

○　ごみを減らすための一番良い取り組みを考えよう。

4．本時の学習

①目標

・最終処分場に埋め立てする廃棄物の量には限りがあることから、自分たちの生活を見直し、ごみを減らすための取り組みを考えることができる。

②評価規準

・ごみを減らすための取り組みを調べて伝えたり、自分の思いを基に書いたりすることができる。【態・思】

③本時の展開

学習活動	指導上の留意点	評価規準
○最終処分場の実態を見て、分かったことを出し合う。 ・最終処分場＝埋め立て地 ・埋立地＝フェニックス ・最終処分場に運ばれる廃棄物は1000トン以上。 ・埋め立てる場所がなくなってきている。	・動画を見ながら大事だと思うところをメモにとるように声をかける。 ・つけたしがないかを聞く。	
○あと何年で埋め立てできなくなるのかを予想する。 ・20年・30年・50年	・全員が予想できるように、自分が思う年数のところで手を挙げさせる。	

学習活動	指導上の留意点	評価規準
	・もし、最終処分場がなくなるとどうなってしまうのかを想像させる。	
ごみをへらすための取り組みを考えよう。		
○ごみを減らすための取り組みを調べまとめる。 ・給食を残さずに食べる。 ・レジ袋などの不要な物は「いりません」と断る。 ・ペットボトルのラベルとキャップは分別してから捨てる。 もし、欲しいものがあったときには、よく考えてから買うか買わないかを決める。なぜなら、よく考えずに買ってしまうと必要なくなって結局ごみになってしまうかもしれないから。 （キャンディ・チャート）	・調べる際に自分で選んで問題解決をしてもよいことを伝える。 ・困っている児童には、何でどこを調べるとよいかを助言する。 ・自分の考えを友だちに伝える際には、「仮定・条件→結果→根拠」を伝えるように促す。 （キャンディ・チャート） ・ロイロノートでするかプリントでするのかを選択させる。	・ごみを減らすための取り組みを調べて、伝えようとしている。【態】
○ごみを減らす取り組みを伝える。	・自分の考えを見せて終わりではなく、どうしてそう考えたのかを説明するように促す。 ・グループのカードをダイヤモンドランキングに入れる。	
一番良い取り組みはどれですか。		
○自分にとっての一番良い取り組みを決める。 ○一番良い取り組みを交流する。 ○ふりかえりを書く。	・どうして一番にしたのかを聞き回る。 ・答えはなく、自分の考えをもつことに価値づけをする。 ・取り組みと理由のセットで話すように促す。 ・今日の授業を通して、ごみを減らすための取り組みを書かせる。	・ごみを大切にできる取り組みを自分の考えをもとに書くことができている。【思】

社　会

④授業の実際

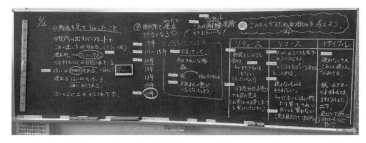

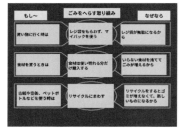

⑤授業を終えて

　児童が「調べたい！まとめたい！伝えたい！」と興味関心をもって授業がスタートできるように、既習とのズレが生み出される導入を行った。しかし、最終処分場の残余年数に対して、教科書やNHK for School、本などで既に20年ほどしか埋め立てすることができないと分かっている児童が多く、そこまで既習とのズレを生み出すことができなかった。次に「埋め立てができなくなったらどうなると思う？」と質問すると、「えっ、どうなるんやろ？」「家の中が大変なことになりそう！」など活発な意見が出てきた。その意見を多く聞いて、想像を膨らませる必要があった。しかし、導入部分で時間を使っていたので、児童の想像から膨らませ、深めていくことができなかった。導入部分で、最終処分場の残余年数を板書せずに、短い時間で次に進むことができていればよかった。ごみを減らす取り組みを調べまとめる場面では、自分で選んで問題解決をすることによって、どの児童も意欲的に取り組むことができた。一人でタブレットを活用して調べる子や友だちと本を開いて協働して調べる子、イヤホンを取り出してNHK for Schoolで調べる子など、様々な学び方を選んで活動していた。自分に合った調べ方で進めることによって、自分の考えをもつことが容易であったと考える。伝える場面では、自分の考えを具体的に説明できるようキャンディ・チャートを活用した。書き込んでいくと自分の考えが整理されていくので、話す側は伝えやすく、聞く側も分かりやすいツールとなっていた。しかし、キャンディ・チャートが不慣れな児童もいたので、日頃からシンキングツールの良さを互いに共有していく必要があると感じた。その後のダイヤモンドランキングでは、ひと目で自分が一番良いと思う考えが整理され、主発問が考えやすくなったと感じた。主発問の「一番良い取り組みはどれですか。」では、本時の残り時間が少なく、問い返しをしたり、つけたしを聞いて深めたりすることができなかった。たくさんの児童が手を挙げて意欲的な時間だったので、時間配分を調整して授業を進めたり、主発問を次時にまわしたりす

ることが大切であると感じた。

⑥子どもたちのふりかえり

> 今日の授業を通して、自分が考えるごみを減らす取り組みは、ちょっとだけ欲しいというものはもらわずに、欲しいものだけをもらう。なぜなら、もしちょっとだけ欲しいものは買っても使わなかったらその買った人や買ってもらった人も損するしいらないごみになるかもしれないから。

> スーパーのレジ袋をゴミ箱代わりにすると、ゴミが減ると思いました。なぜなら、スーパーから家まで使ってゴミ袋を捨てると、全然使っていないことになるから、自分の持っているかばんに入れたりゴミ箱代わりにしたりする方がいい。そうすると、ゴミ箱になって役立つし少しでも無駄にならなくて一石二鳥になる。

⑦次時の学習

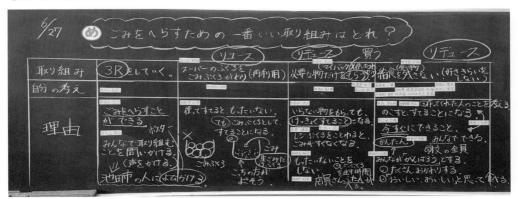

　本時で、問い返しをしたり、つけたしで深めたりすることができなかったので、次時ではクラス全体で出た意見の中から一番良い取り組みを考えた。ネームカードを授業の中で何回も移動させる子や一貫して自分の意見を貫き通す子、自分の選んだ取り組みの理由をみんなに一生懸命伝えようとする子など、この授業の中で児童の思いがたくさん溢れる授業となった。ふりかえりでも、自分の考えが変わった子や変わらなかった子がいたが、選んだ理由を見ていると、友だちの名前を出して理由を書いている子がほとんどで、自分の考えが創造されたことが分かった。

5．単元を終えて

　問題解決学習を通して、新たな考えを創造できるように授業を構成した。資料やグラフと出合い想像することで疑問が浮かび上がり、その疑問を解決するために学習問題を設定した。自分の疑問や学習問題を解決していく過程で協働的な学びとなり、児童が想像と創造でつながり合うことができた。その結果、自分では考えることのできなかった内容を友だちの考えから一人ひとりが創造できたように感じる。これからも児童同士がつながることによって「社会科が楽しい！」という子を増やしていきたい。

感じて、見つけ、伝え合う子どもをめざして
生活：2年「町をたんけん! 大はっけん!」

1．想像力と創造力

　好奇心が旺盛で、生活体験を通して様々な発見を見出す2年生にとって、生活科の学習は、とても有意義な学習活動を展開できる教科である。学習活動を通して、子どもたちが「もっと知りたい！」「このあとはどうなっているのかな？」と、想像力と創造力を巡らせて、探究心をもち続ける姿勢を育みたいと考えた。そのためには、まず、日常生活をもとにした学習への動機づけが有効である。子どもたちが生活科の学習で出合う題材は、日常生活で触れたものが多く、予想しやすいものが多い。授業の導入では、その点を生かして、子どもたちに知っていることを出し合うよう呼びかけ、列挙し、既知の知識や情報を整理した上で、それらの少なさを全体で共有する。そうすることで、題材に対する情報や知識の「必要感」が子どもたち一人ひとりに自然と生まれ、全体で学習課題を設定することができると考える。

　次に、学習課題を設定した後には、一人ひとりが自分の考えをもつ場面を作るようにしたい。「たぶん〜だと思う」といった形で、課題に対して想像力を働かせ、予想や見当をつけることで、学習意欲を高められるのではないかと考える。

　さらに、課題解決に向けた気付きの整理を行う。生活科においては「見る」「聞く」「におう」「ふれる」などの、感覚を用いて課題解決にあたる。しかし視点が多い分、子ども同士での気付きに差異が生じやすい。そこで、子どもたち同士の話し合い活動を積極的に取り入れ、想像力を働かせて議論を重ねることで、お互いの気付きを収集し、整理する作業が生まれ、情報や知識の習得が体感できるため、全体で納得解を導き出すことができるのではないかと考える。

2．単元について

　地域の人や場所、公共施設の存在について考え、地域での生活は様々な人や場所、公共施設を支えている人と関わっていることに気付くことができる。また、学習を通して、生活上必要な習慣や技能を身につけて、地域に親しみをもって生活したり、公共施設を正しく利用したりすることができると考える。地域の人々との関わりを通して、自分にとっての「お気に入り」の人や場所を見出してほしい。

　本単元の導入時では、学校周辺の写真を見せ、その写真から「素敵だと感じる所」に丸で印をつけさせる。その際には、なぜそこが気に入ったのかを説明できるように呼びかける。この活動を通して、「お気に入り」を見つける視点を捉えさせる。そし

て、学校周辺の素敵だと感じる所をまとめた上で、学校周辺には、もう「素敵だと感じる所」がないかを問いかけ、「もっと他の場所も調べたい」という意見を引き出させたい。そして校区内を各グループに分かれて、探検に出かけることを計画する。その際には、写真で記録をするために、探検時はタブレットを携帯させる。

　探検終了後は、学校周辺の地図に絵カードを貼り合わせ、各グループの絵地図を合体させて大きな一つの絵地図を完成させる。絵カードには、探検で撮影した写真の記録をもとに、見出しをつけさせる。

　本時では、絵地図をもとに学校周辺にあるそれぞれが見つけた「素敵なところ」を全体で確認し、共有する。そこから絵地図の情報を、さらに広げていく。その際に、全体を見て、町の特徴を捉えるようにする。自然の多い場所や人通りが多い場所に、絵地図の範囲がさらに広がる可能性を意識させ、さらに探検に出かけて調べたいという意欲を高めたい。

生活

| 単元名 |「町をたんけん！ 大はっけん！」

| 単元目標 |

・地域と関わる活動を通して、地域での生活は様々な人や場所と関わっていること、地域には公共施設があり、それらを支えている人がいることにも気付くことができる。　　　　　　　　　　　　　　　　　　　　　　　【知識及び技能】

・地域と関わる活動を通して、地域の人や場所の存在や、公共施設の良さについて考えることができる。　　　　　　　　　　　　　　　【思考力、判断力、表現力等】

・地域と関わる活動を通して、地域に親しみをもって生活したり、公共施設を正しく利用したりしようとする。　　　　　　　　　　　【学びに向かう力、人間性等】

3. 指導計画（13）

第1次　教えて、町のお気に入り（3）

・学校の周りの素敵なところをさがそう。

・学校の周りの素敵なところはこれだけかな？

・学校の周りで行きたいところを出し合おう。

第2次　みんなでたんけん、みんなではっけん（3）

・町のたんけんに出かけよう。

・たんけんで見つけた素敵なところについてグループで話し合おう。

第3次　みんながつかうもの、つかう場所（3）

・公園はどうしていつもきれいなのかな？

・図書館に出かけよう。

・見学やインタビューで分かったことを伝え合おう。

第4次　つながれ広がれ、みんなのはっけん（4）

・グループごとに見つけた素敵を絵地図にまとめよう。

・校区の絵地図全体を見て、町の素敵を見つけよう。【本時】

・もっとたんけんしてみたいところを見つけよう。

4．本時の学習

①目標
・探検を通した気付きを伝え合い、地域についてもっと知りたい、関わりたいという思いを高めることができる。

②評価規準
・みんなで地域を探検して気付いたことをもとに、自分の考えを表現している。【思】

③本時の展開

学習活動	指導上の留意点	評価規準
○絵地図を見て探検をふりかえる。	・絵地図を用いる際に、写真も見せて景色を捉えさせる。	
校区の絵地図全体を見て、町の素敵を見つけよう。		
○気付いたことを出し合う。		
・公園がたくさんあるね。	・これで町の素敵が十分かを問いかけ、不足感を持たせる。	
・駅前は人が多かったよ。		
もっと知りたい場所をさがしに行こう。		
○自分の意見を書き、伝え合う。（ワークシート）	・人の多さや自然に触れて、景色を想像させる。	・みんなで地域を探検して発見したことについて、新たな考えを見出している【思】
・商店街にはまだまだ人気のお店がありそう。➡【商店】	・必要があれば、探検時に撮った写真を用いて説明させる。	
・マンホールにチキンラーメンが描いてあったよ。まだまだありそう。➡【目印】	・視点を変えて、考えを巡らせている児童を取り上げて、価値づけをする。	
・公園の掃除はだれがやっているの？➡【人々の思い】	・地域の人々の思いに注目するよう呼びかける。	
○ふりかえりを書く。		

④授業の実際

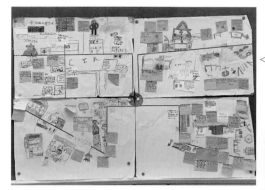

本時で初めて4グループの地図を合体させた。「人の素敵」→赤、「しぜんの素敵」→緑、「お店の素敵」→黄、「しせつの素敵」→紫の4種類の素敵をそれぞれ貼り付けている。

町たんけん時のワークシートを見返して、友だちの見つけた素敵に「つけたし」をしている。

町たんけん時にタブレットで撮影した遊具の写真を用いて、素敵なところについて説明している。

⑤授業を終えて

成果

　町の素敵なところを全体で共有するために、グループごとに製作した地区の絵地図を合体させ、大きな一枚の絵地図にして、黒板に掲示した。こうすることで、全体的に「人」の素敵が少なく「商店」の素敵が多いことや、他の地域と比べて駅前周辺に付箋が少ないことに目を向け、「もっと素敵なところがあるはず！」「探しに行きたい！」と、課題に意欲をもち続けられる姿勢が見受けられた。

課題

　①ICT活用場面の欠如

　本時では、黒板に絵地図を掲示して、地区ごとに気付いた素敵な点についての発表を共有できるのではないかと考えた。また、座席が後ろの子どもたちにも、絵地図が分かるように、タブレットで画像を送信していた。

　しかしながら、タブレットの画面と板書の両方を見ないといけないため、話し合いに集中しづらい場面が見られた。そこで教師用タブレットで撮影した絵地図を、電子黒板に映し、拡大や縮小ができる状態にすれば、子どもたち自身で操作ができるため、お気に入りの場所を焦点化して映すことができる。そうすることで話し合いに集中できるようになるため、気付きを深めていくことにつながったと思う。

　②具体的な視点と抽象的な視点の使い分け

　絵地図には比較しやすいように、視点ごとに色分けをした付箋を貼り付けた。町全

体の抽象的な特徴を捉えることができるのではないかと考えたためである。しかし、授業内における子どもたちは、地域ごとの特徴を発言する姿が目立ち、具体的な視点に向けて話す姿が多く見受けられた。そのため、町全体の素敵なものに共通している「人の思い」に気付かせることが難しい状態で本時を終える形となった。

⑥子どもたちのふりかえり

　最後のふりかえりでは、絵地図全体を抽象的に捉え、自分の住む町には大きくどのような特徴があるのかを捉えさせるため、「私の町は、ズバリ…」というリード文に続けて書くように伝えた。

私の町は、ズバリ…
やさしい人がたくさん

りゆう
なぜかというとりくとくんがしらない人に、手をふっとも手をふりかえしてくれたから町には、やさしい人がたくさんいるとしった。

私の町は、ズバリ…
にぎやかな町

りゆう
いろんな人、おみせしらないものがあるから心と体がにぎやか、まちもにぎやかになる。

私の町は、ズバリ…
とっても素敵な町です。

りゆう
なぜかと言うと、お店とかが多いからです。

私の町は、ズバリ…
いい店が、たくさんある町!!

りゆう
いろんな店がたくさんあるからステキ!!

私の町は、ズバリ…
親切な人がたくさんいる町。

りゆう
だってマップに親切なふせんがたくさんあるから。

私の町は、ズバリ…
うつくしい町

りゆう
しぜんと店と公園があってきれい

⑦以後の学習

○「もっと」を引き出す

　絵地図に空白がまだあり、町の素敵を載せ切れていないことへの不足感を全体で共有していた。そのため、1回目の町たんけんでは行かなかった所に視点を絞り、他にも行ってみたい所や会ってみたい人について、計画を立てた。

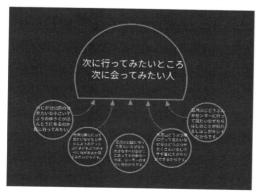 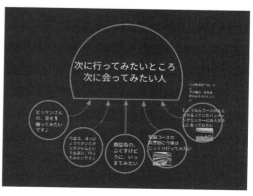

○素敵新聞としてまとめて、伝える

　3学期の単元である「もっと　もっと　町たんけん」で予定していた町たんけんの続きであるが、コロナウイルスの影響により、施設の立ち入りに制限が出たため、電話による質問や「Google Earth」を活用したバーチャルの町たんけんなどを行った。五感を用いた学びを進めたい葛藤もあったが、ストリートビュー機能が校区内の様々な道路で使えたことにより、「大きさ」「周りの様子」などを感じ取ることはできた。

　町たんけんを通して素敵だと感じた「町のみりょく」を、単元の終盤では「素敵新聞」として、他の学年の人にも知ってもらおうと作成した。

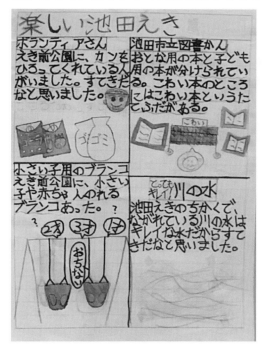
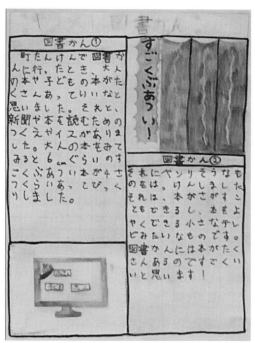

5．単元を終えて

　町たんけんを行う上で、子どもたちの感受性が刺激され、思考が伴う学習を実現しようとするには、自分の感覚を活用することが必須条件であった。日常生活に身近なものが題材であるからこそ、実際に現地へ赴いて調べたり、実物に触れたりすることで、想像をしのぐ発見へとつながる場面が度々見受けられた。それらの学習活動では、感動が伴い、子どもたち同士の話し合い活動が自ずと行われていた。そして、お互いの気付きを比較し、再考し、意見として練り上げ、収束へと向かうことで、一人ひとりが納得解を創造し、発信しようとする姿勢が定着した。

　しかし、既知の情報や過去の経験をもとに「予想」や「疑問点」を見出し、学び続けようとする姿勢を育むことが難しいと感じる場面もあった。実物や実体験を生かし、気付きを生むことで、新たな学びへとつなげるための手立てを、引き続き研究していきたい。

自分や相手のことをそうぞうできる
子どもをめざして
支援学級「こんな時、どうする?」

1. 想像力と創造力

　「こんな時、どうする?」の、この場面にふさわしい言動は何だろう、自分ならこう考える、そして、その理由も考える。また、対象の児童の相手の児童の立場に立って、その相手の児童にとってどのような行動をするのが望ましいかを考える、この活動を通して、想像力を働かせられると考える。

　また、「こんな時、どうする?」のロールプレイを通して、新しいことや友だちの良さに気付いたり、ふりかえりの中では、これからはこのような行動をしたいな、と考えたりすることにより、創造力を働かせられると考える。

2. 単元について

　6年生のグループ学習では、支援学級共通のねらいである「自分や相手のことをそうぞうできる子ども」をめざして、活動を進めていきたいと考えている。通常学級では、自分の考え、意見を発表することが難しい子どもたちに、7人という少人数だからこそできる、自分のことを自分の言葉で伝え、さらに、自分のことを自分の言葉で発信している相手の身になって、聞こう、理解しようという態度を身につけさせていきたい。そのために、スピーチとふりかえりでは、それぞれの発表を聞き合い、尋ね合いを繰り返し、それ以外の活動では、タブレットを使い、それぞれの考え、意見を理解、共有できる場面を繰り返し設定していきたいと考えている。

　1学期のグループ学習では、「スピーチ」「こんな時、どうする?」「まちがいさがし」「風船バレーボール」の活動に毎時間、取り組んできた。繰り返し取り組むことの成果で、『スピーチ』では、テーマに沿って発表するだけでなく、「なぜなら」や「なぜかというと」というつなぎ言葉を使うことにより、その理由を伝えることができるようになってきた。また、事実だけを伝えるのではなく、思ったこと、気付いたこと、気持ちなども発表できるようになってきた。さらに、スピーチを聞いている児童が、疑問に思ったことを、手を挙げて尋ねる場面もよく見られるようになった。「こんな時、どうする?」では、正しい行動を選択肢から選ぶだけでなく、選んだ理由も考え、タブレットに入力して、提出箱で共有することもできるようになってきた。「まちがいさがし」では、集中力や観察力を高めることを目指し、繰り返しの取り組みの成果で、まちがいを見つけ、提出する時間が短くなった。「風船バレーボール」では、風船を打つときに、同じチームや相手チームのメンバーの名前、事前に決めた合言葉

を言ったりするなどの負荷をかけたりして、脳を活性化させるようにルールを工夫して取り組んできた。

　2学期のグループ学習では、①通常学級での休み時間、遊んでいるグループに「入れてほしい」と、なかなか声をかけることができない児童がいる。②班学習で活動しているときに、作業を交代してくれるように声をかけることが苦手な児童がいる。このような児童の実態を考え、「こんな時、どうする？」（SST）を中心とした活動にしていきたいと考える。そして、その活動を3つの内容に分ける。1つ目は、1学期での活動と同様に、対象となる児童の「どうする」を4つの選択肢から選び、その理由も考える。2つ目は、対象となる児童の相手の児童の立場に立って、その相手の児童にとって、どのような行動をするのが望ましいのかを考える。3つ目は、ロールプレイを行うことにより、「その場にふさわしい行動」を確認、共有する。そして、ふりかえりでは、3つの活動を通して気付いたその場にふさわしい行動についてや友だちの意見、考え、ロールプレイでの演技などについての感想なども発表できるようにしていきたいと考えている。

3．指導計画（10）

支援学級

	スピーチのテーマ	こんな時、どうする？	ふりかえり
第1時	夏休みの思い出	遊具の順番がなかなか来ない	気付いたこと、友だちの意見、友だちの考え、ロールプレイの演技などの感想を発表する。
第2時	修学旅行の思い出	洗った手がぬれている	
第3時	運動会の楽しみな種目	友だちが上着を忘れていきそう	
第4時	運動会について	読んでいる本を読みたがる子	
第5時	好きな食べ物	遊びに入りたい	
第6時（本時）	好きな生き物	自分のせいで相手にけがをさせた	
第7時	学芸会に向けて	鉛筆の芯が折れた	
第8時	学芸会について	一緒に帰りたい	
第9時	1回、魔法が使えたら	自分の消しゴムが見当たらない	
第10時	2学期の行事について	廊下を走っている友だちがいる	

4．本時の学習

①目標

・みんなに聞こえる声で話すことができる。

・最後まで話を聞くことができる。

・質問することができる。

・その場にふさわしい行動を考えることができる。

・ロールプレイを通して、適切な声かけができる。

・友だちの良いところ、がんばったところを見つけることができる。

②評価規準

・みんなに聞こえる声で話している。

・最後まで話を聞いている。

・質問をしている。

・手を挙げて、発表している。

③**本時の展開**

時間	学習活動	指導上の留意点	評価規準
あいさつ 3分間	○はじめのあいさつをする。 日直が前に出て、号令をかける。	・活動の流れを確認する。	
スピーチ 9分間	○テーマについて一人ずつ前に出て話す。 ・みんなに聞こえる声で話す。 ・話している人の方を見て最後まで話を聞く。	・聞き方の階段の確認をする。 ・質問をするときには、手を挙げて指名されてから質問をするように確認する。	・みんなに聞こえる声で話している。 ・最後まで話を聞いている。 ・質問をする。
こんな時、どうする？ 25分間	○今日のテーマ『自分のせいで相手にけがをさせた』 ①相手にけがをさせたときの適切な言動を考える。 ・電子黒板の絵を見て、気付いたことを発表する。 ・指名されてから発表する。 ②「ごめんね、足をのばしてて」と言われた相手の友だちの適切な言動を考える。	・4つの選択肢から、自分が正しいと思う番号を選び、その番号のときに手を挙げさせる。 ・意見があるときには、手を挙げて、指名されてから発表させる。 ・考えがまとまらない児童に対しては、声をかけ、必要に応じて一緒に考える。	・正しいと思う選択肢を選ぶ。 ・手を挙げて発表できる。 ・ふさわしい言動を入力でき、発表できる。

時間	学習活動	指導上の留意点	評価規準
	・自分の考えをタブレットに入力をして、提出箱に提出する。	・友だちの発表を聞くことにより、ふさわしい言動を共有させる。 ・相手にけがをさせた児童、「ごめんね」と言われた児童、それぞれのその場にふさわしい言動を共有、確認させる。	・適切な行動や声かけができる。
ふりかえり 7分間	○ふりかえりを前に出て発表する。 ・気付いたこと、友だちの考え・意見、ロールプレイの演技などについての感想などを発表する。		・友だちの良いところ、がんばったところを見つけることができる。
あいさつ 1分間	○終わりのあいさつをする。 ・日直が前に出て、号令をかける。		

支援学級

④授業の実際

○児童が考え、発表した「ごめんね、足をのばしてて」と言われた相手の友だちの適切な言動を考える。

・大丈夫。ケガをしていないから、と言う。

・いいよ、私も足元を見ていなかったから、次から、私も気をつけるね、と言う。

・大丈夫。気付かなくて、ごめんね、と言う。

支援学級「こんな時、どうする？」　85

・ああ、大丈夫。それよりも、足、大丈夫？　と言う。

・別にいいよ。だけど、次からは、気をつけて本を読んでね、と元気づける温かい言葉を言う。

⑤**授業を終えて**

　主活動として、「スピーチ」「こんな時、どうする？」を行った。まずスピーチをする前に「聞き方名人」の表を見て、その日の聞き方レベル（自己目標）を設定させた。児童は、高いレベルを目指して、うなずいたり、反応したり、積極的に質問をしたりしながら友だちの話を聞くことができていた。「好きな生き物は？」というテーマでスピーチを行い、がんばったことや楽しかったこと、思い出、エピソードなどを、つなぎ言葉（「なぜかというと」「思ったこと」「気付いたこと」）を使って話すことができていた。

　「こんな時、どうする？」では、「自分のせいで相手にけがをさせた」という設定で、絵を見て気付いたことを共有し、適切な言動を４つの選択肢から選んだ。④「何も言わない」という選択肢を選んだ児童はおらず、それ以外の選択肢①「"痛いじゃないか"と言う」②「"おれ、悪くないぞ"と言う」③「"ごめんね、足をのばしてて"と言う」を選んでいた。「①と②は違うんじゃない？だって…」という意見が飛び交う中、ある児童が、「大丈夫？これから気をつけるね」と発言すると、多くの児童がその意見に賛同する姿が見られた。

　次に、③「ごめんね、足をのばしてて」と言われた子の立場になって、どのように答えたらよいかを考えた。ここでは、ロイロノートで自分の考えを言語化する時間をとり、想像する時間とした。共有の時間には、「大丈夫！ケガをしていないから」「私も足元を見ていなかったから気をつけるね、ごめんね」といった、相手のことを考える発言も見られた。いつもネガティブな発言をしてしまう児童から、「気い使わんでええよ〜」という前向きな発言が出たことに成長を感じた。相手の児童にとっての望ましい言動を考え、最後に、その場面のロールプレイを行うことで、「その場にふさわしい言動」を確認、共有するという流れで進めることができた。はじめは、恥ずかしがったり、照れてしまったりして、動きも声も小さかったが、回数を重ねることにより、先に考えた言動だけでなく、実際に動くことによって思いついた声かけなども見られるようになった。

⑥**子どもたちのふりかえり**

・ロールプレイで、「大丈夫？」と声をかけたけど、教室や運動場でこけている友だちがいたら、「大丈夫？」と声をかけたい。

・ロールプレイをして分かったことだけど、実際に、教室や廊下でこんなことが起こったとき、今日、実際にやってみたので、「大丈夫？」とか、友だちに声をかけることができそうな気がした。

5．単元を終えて

　　毎時間の学習の流れを一定にしたことにより、見通しをもち、安心して学習に参加することができたように感じている。その安心感から一つひとつの活動に自信をもって取り組んでいく姿が見られた。1学期には、「風船バレーボール」、3学期には、「聞いた通りに動こう」という活動に取り組んできた。全体を通して、「先生や友だちの方を向いて話を聞きましょう」を重点課題とした。毎時間のはじめに、「聞き方名人」のレベルを確認することにより、①目や顔を向ける　②先生や友だちの話にうなずく　③「同じ」「なるほど」とあいづちをうつ　④質問をする　の4つのレベルの中で、自分

のレベルを意識させるようにした。このレベルは、学習の途中でもレベルアップをすることができるようにした。先生や友だちの方を見ることのできなかった児童もうなずくだけでなく、質問もできるようになり、今では、多くの児童がレベル4をめあてにしている。「スピーチ」や「こんな時、どうする？」の学習を進めたことにより、相手のことを理解しようとする気持ち

がだんだんと育っていると感じている。また、通常学級では自分の思いを口に出せないが、少人数だからこそ、その思いを出せる児童もいるので、グループ活動の大切さを感じた。今後は、グループ活動の経験を通して、児童が通常学級の中で進んで考えたり、自信をもって生活したりできるようになってほしいと願っている。

【参考文献】
ソーシャルスキルがたのしく身につくカード② こんなときどうする？，公益社団法人発達協会監修.

支援学級

第 3 章

これからの教育に向けて
大切にしたいこと

> # これからの教育に向けて大切にしたいこと
> ## ―エージェンシーを発現する授業の創造―
>
> 小幡　肇　富山正人　津村優里菜

1．これからの教育

　OECD（2015）は、「子どもが人生において成果を収め、社会進歩に貢献するため」に、「whole chaild」（全人教育）を対象にして、「バランスのとれた認知的スキルと社会情動的スキル（非認知的スキル）を発達させる必要性がある」とする。社会情動的スキル（非認知的スキル）は「忍耐力、社交性、自尊感情」であり、「粘り強く取り組み、困難な課題に挑戦し、人と協力して成し遂げ、また見通しを立てて取り組むことに関わる」ことである。その中核は、目標を達成するために、他者と協力することと感情をコントロールすることである。そして、調査結果から、「誠実性、社交性、情緒安定性」が「社会情動的スキルの重要な側面のひとつ」となり、「自分の考えを行動に移す際の手助けをする」と報告した。また、そのような「社会情動的スキルのレベル（忍耐力、社交性、自尊感情）を上げることは、健康に関する成果と主観的ウェルビーイングの向上、反社会的な行動の減少」に影響すると報告した。

　つまり、「認知的スキルと社会情動的スキル（非認知的スキル）を相互作用して、お互いに刺激し合い、人生においてプラスの結果を成し遂げる可能性を増加させる」教育が、これからの教育であると言える。

2．これからの教育の手がかりを得る取り組み

　筆者らは、令和3・4年度、これからの教育の手がかりを得る取り組みとして、自分の特性や学習進度・学習到達度等に応じた「指導の個別化」と、子ども自身で学習が最適となるよう調整する「学習の個性化」の一体的な充実を目指した。具体的には、東京学芸大学附属小金井小学校富山学級1・2年生活科において、子どもの学びとしてのドラマが生成する授業の創造に取り組んだ。

　第1点、木下竹次の「自律的学習」をよりどころとして、次のような学習を行う。

> ①自ら刺激を与え、自ら遊びをより高次にする学習活動を保障する
> ②自分の「問い」に応じた遊びを行い、自ら目的・内容を定める学習活動を保障する
> ③自分の興味関心に応じた学習材・学習活動を選択・決定し、自ら機会を求める学習活動を保障する

　第2点、「子どもは常に伸びようとしている存在であり、自分にとって気が向いた

『ひと・もの・こと』に対して自分をかかわらせ、学習し、成長していく能動的学習者である」（平野朝久1986）という子ども観に立脚し、子どもの学びとしてのドラマが生成する授業における、抽出児の見取りに取り組む。その際、次の4点を大切にして、見取りの精度を高める。

①自己受容感覚・「なってみる」（Reddy, Vasudevi2015）を生かして、「この子」に眼差しを向ける
②「根」と「芽」をさぐる・「意味世界」を洞察する（藤井千春2017）ことや「共感・共鳴・共苦」（汐見稔幸1995）をして、「この子」に眼差しを向ける
③事実と解釈の峻別より「事実」に迫る（鹿毛雅治2017）ことを心がける
④常に〈この子〉の一側面である（津守真1989）こと

　結果、上記の①～④の要素を踏まえて、「この子」の見え方の尺度をもって「この子」を見ることが、見取りの精度を高める方法となると考えた。
　第3点、授業者は、見取りを通して、単元計画の修正、ふりかえりの工夫、自分の思いに合った活動の仕方を選べる場や活動時間の設定等の改善に取り組む。
　以下、抽出児の見取り（「この子」の見え方の尺度をもって「この子」を見る）の事実と解釈を示そう。

　1年生活科「おもちゃ作り」の授業における抽出児。自分で選択した輪ゴムと小枝を用いてゴム鉄砲を作り、少しでも壁の高い位置をねらうという挑戦を繰り返し、新たな遊びとしての価値を創造している。その後、友だちの輪ゴムが壁に引っかかるという困難な場面が生じた。抽出児は、輪ゴムをとるための責任ある行動を取ったり、代替え輪ゴム案をめぐって仲間と対立したりしながらも、そのジレンマを自己調整し、対処した。そこに、学習の当事者として遊びを発展させる姿があった。

　OECDのラーニング・コンパス2030は、「私たちが実現したい未来を実際に実現していくために、エージェンシーが必要となる」と示す。エージェンシーは、「変化を起こすために、自分で目標を設定し、振り返り、責任をもって行動する能力」である。それは、自分で行動し、自分で形作り、自分で決定したり選択したりすることである。
　そこで、筆者らは、自分なりの自己選択・自己決定・自己調整でもって自分なりに形作ろうとする能力をエージェンシーとし、学習の当事者として学習内容や方法について積極的に関わっている姿をエージェンシーを発現する姿とした。そして、エージェンシーを発揮している状況を、変化を起こすために自分で目標を設定し、振り返り、責任をもって行動しているとした。

抽出児の見取りの事実を、エージェンシーの発現との関係から考えてみよう。

　抽出児は、変化を起こすために自分で目標を設定し、振り返り、責任をもって行動していると解釈できる。そして、学習の当事者として学習内容や方法について積極的に関わっている姿が存在し、エージェンシーの発現となったと解釈できる。

　そこから、筆者らは、抽出児の見取り（「この子」の見え方の尺度をもって「この子」を見る）の事実と子どもがエージェンシーを発揮する状況を結び付けて解釈することにより、この子に固有の意味世界を捉えることができるようになった。そして、この子に固有の意味世界を捉えることにより、この子に対する肯定的で期待感をもった見方が生じるようになった。

　その結果、筆者らの授業づくりの構えは、子どもに対する肯定的で期待感が結実するような授業づくり（子どもがエージェンシーを発現できる授業の創造）を実現することに向け、結実していった。

3．エージェンシーを発現する授業「じぶんのじかん」

　富山（授業者）は、子どもがエージェンシーを発現できる授業の創造を目指すことは、バランスのとれた認知的スキルと社会情動的スキル（非認知的スキル）を発達させることになり、これからの教育となると考えた。そこで、子どもの学びとしてのドラマが生成する授業を「じぶんのじかん」（令和5年度1年1組）として発展させ、バランスのとれた認知的スキルと社会情動的スキル（非認知的スキル）を発達させることを可能とすることを考えた。そして、次のようなねらいを設定した。

> ・自らの気になることや興味のあることを見つけ、学習環境や学習材・学習法を自己選択・自己決定して、自由に関わることを通して、自分の楽しみを深め、自己や身の回りのひと・もの・ことへの関心を広げていこうとする子どもを育成する
> ・自らの力で粘り強く取り組むことを通して、他者と協力することと感情をコントロールすることを自己調整しながら身に付けようとする子どもを育成する
> ・認識と行動を自分の内面で統合するといった、自分の成長につながる学習（創造性を伴う自己表現）を行おうとする子どもを育成する

　富山（授業者）は、「じぶんのじかん」（週3時間）の授業を構想するにあたり、「環境の解放」と「学習環境」「ふりかえり」を軸とした。子どもの目のつけどころや気になることは十人十色である。そのような子どもが、環境の解放を通して、関わる材や学習場所、時間等を自分自身で決めることを願った。そして、それぞれの興味関心をよりどころとして、学習環境を定め、その学習環境を生かして自分自身の力で学習を成立させることを願った。また、一人ひとり異なる、目的、必要な環境や学習材、関わり方、関わる時間等を保障し、自由に関わることを常とした学習指導を目指した。

　令和5年度4〜6月の「じぶんのじかん」では、一人ひとりの子どものエージェンシーの型や伸び方の型を尊重し、かつ、一人ひとりの子どもに対する肯定的で期待感

が結実することを願って、ごっこ遊び・見立て遊び、読書、工作、スケッチ、学校探検、虫捕り・飼育等の活動に自由に取り組ませた。

　その際、授業者（富山）には、自由に活動できる時間を設定することは「子どもが自分勝手に振る舞うようになるのではないか」「『じぶんのじかん』よりも教科学習の時間を確保する方が、子どもが伸びるのではないか」という懸念・危惧もあった。

　しかし、そのような懸念・危惧を克服するためにも、子どもの「やりたい！」「やってみたい！」に応えられる学習環境を整えることが大切であると考えた。それは、子どもが創造性や自律性を発揮できる環境でこそ、エージェンシーがより発現するからである。エージェンシーの発現を考えたときに、教師が選択肢を提示してその中で活動するというよりも、子どもが自身で見つけた活動に取り組み、そこに教師が関わりながら活動の深化をサポートする方が望ましいと考えたからである。

　つまり、教師ありきではなく、肯定的に、期待感をもって子どもを見ることを大切にした、子どもありきで活動を進めるということである。そして、学習環境を通した間接的な指導とアドバイスや、共に考えたり悩んだりする教師の存在という２つが、子どもの自律的な学習の成立を後押しすると考えたのである。

　そこで、教室内に工作のときに必要であると考えられるもの、学級図書、虫捕り・飼育道具など多様な環境を用意し様々な子どもの思いに応えられるようにした。そして、子どもの活動を見ながら教室環境を更新していくことに努めた。小学校低学年の子どもは、自分の置かれた環境の中でよりよく過ごそうとする傾向がある。学習空間にあるものを活用して、自分にとって良い環境をつくろうとする。子どものより良い教室環境を整えることが、一番の指導であると考えたのである。

　また、毎時間の授業終了時にふりかえりを行うようにした。それは、子どもが自分自身のラーニングコンパスを回すことができるようになるためであり、ふりかえることを通して、今日の自分を見つめなおし、次の自分の活動につなげることをねらっている。入学してまもない子どもにとって、書いて表現する・伝えるということは容易なことではない。毎時間ごとにふりかえりを書くということは、言語での表現・コミュニケーションに慣れるという願いも込めている。

　以上が、「じぶんのじかん」における指導の要点である。

　以下、学習の流れや子どもの様子についてである。

　授業は「①見通し、②活動の時間、③ふりかえり」のPHASEで構成した。見通しのPHASEでは、授業前日までに、次の「じぶんのじかん」で取り組みたいこと、（道具が必要な場合は）用意するものなどをワークシートに記入した。しかし、それを書いたからと言って、必ずしも書いたことをやらなければならないというわけではない。子どものやりたいことは複数出たり、直前になって揺らいだりすることも多い。教師から子どもの活動を固定させることはせず、幅をもたせることを大切にした。

　また、見通しのPHASEは、前日の時点での取り組みたいことをはっきりさせたり、同じことをやっている友だちと打ち合わせたりすることで、当日の活動にスムーズに入ることができるようにすることがねらいである。その結果、慣れてきた子どもは、

活動が明確となり、自分で必要なものを準備することができ、自分の決めた活動に自然と熱中していくようになった。

ふりかえりのPHASEは、その日の自分の活動について、「自分の書きたいことを書く」ように声かけをした。特に視点を定めず、そのときに思ったことを自由に書くことを大切にしたのである。

では、子どもは実際にどのような活動をしてきたのか、2つの事例を紹介しよう。

あるグループは、「くじらごう」という固定遊具で海賊ごっこをして遊んでいた。海賊ごっこをする中で、近くに落ちていた木の枝を刀に見立てて戦いをするようになった。最初は、小さな木の枝を使って戦いをしていたが、次第に大きな枝を見つけ、それを使いながら戦いをするようになった（写真1）。そのため、太い木の枝を使って戦いをすることで怪我をしたり、痛い思いをしたりすることが多くなってきた。

すると、A男が「太い枝だと痛いから、違う武器を作りたい」と提案した。そこで、子どもらは新たな武器作りに取りかかった。例えば、家から紙コップやサランラップの芯を持ってきて、海賊らしい武器を作ったり、割りばしとゴムを組み合わせてパチンコやゴム鉄砲を作ったり、段ボールを何重にも重ねて頑丈にした剣を作ったりするなど、多様な遊び方を目指して工夫して遊ぶ姿が見られた（写真2・3）。

この姿は、まさに、変化（戦っても痛くないようにする）を起こすために、自分で目標を設定（ゴムを飛ばす道具を作る、段ボールを頑丈にして戦っても壊れない剣を作るなど）し、みんなで楽しむ遊びを目指して自分なりの責任を果たそうとしている姿である。このように、子どもは遊びをよりよくしていく過程において、身近にあるものに対する関わりを重ね、仲間と協働して学習をしていくのである。

写真1　　　　　　　　　写真2　　　　　　　　　写真3

また、B子は、「じぶんのじかん」で虫捕りと飼育に取り組んだ。最初は、仲の良い友だちが虫捕りをするので、それについて回っているというような感じであった。すると、自分も興味をもって虫捕りをするようになった。最初は、虫を捕ることもなかなかおぼつかなかったが、慣れてくるとカマキリの飼育を始め、朝学校に来ると、毎日のようにバッタを捕まえて、餌として与えるようになった。また、カマキリに名前を付けたり、飼育ケースの環境を整えたりするようになった。休み時間も自分の腕をはわせるなど、カマキリとの関わりを熱心にもつようになった。

結果、Ｂ子は、単発的な虫捕り行為から日常的な飼育へと発展し、生き物の生育環境や性質に気付いていった。

　そこには、積極的に虫と関わることを苦手とするＢ子にとって、虫捕りをする子どもの手に捕獲された虫を見て回ることは、「あたかも自分自身の手で虫を捕獲した感覚」を生じさせたのである。そして、その感覚の積み重ねが、自分自身の手を使った捕獲するというエージェンシーの発現につながったと考える。結果、仲の良い友だちの虫を捕獲するという行為がきっかけとなり、自分自身による捕獲という行為を生み出し、自分の関わる世界を広げていくといった協働的な学びが生まれていると言える。

　以上、「じぶんのじかん」は、子どもがエージェンシーを発現できる授業として、バランスのとれた認知的スキルと社会情動的スキル（非認知的スキル）を発達させることとなったのである。

４．エージェンシーを発現する子ども

　では、学習の当事者である子どもは、「じぶんのじかん」の時間をどのように過ごし、何を学んだのだろうか。筆者（津村）は、授業の参観者として行った抽出児の見取り（「この子」の見え方の尺度をもって「この子」を見る）の事実と抽出児の姿から学んだことをもとに、「じぶんのじかん」についての考察を述べる。

〈自分の素直な心で材を感じるＡ児の姿〉

　あたたかな初夏の訪れを感じる５月初旬。「じぶんのじかん」が始まると、Ａ児は、ロッカーから探検バッグと色鉛筆を用意し、真っ先に教室を飛び出した。そして、時間をかけてゆっくりと、鴨や鯉の集まるビオトープの周囲や「あまくておいしいおはな（ツツジ）」の周囲を散策し、スケッチの対象を探し歩いていた。しばらく歩いたＡ児は、近くにいた筆者（津村）を見つけると、「あのね！わたしね、すごーくきれいな場所を見つけたんだよ！」と目を輝かせ、興奮した様子で伝えてきた。

　筆者（津村）は、その興奮した声に心ひかれた。そして、まるで何か大きな発見をしたかのようなＡ児の様子に魅了され、「この子」の見え方の尺度をもって「この子」を見ることはできるだろうか、という思いに包まれた。筆者（津村）は、Ａ児の手に引かれるまま、Ａ児が見せようとしている場所に移動した。

　「あのね、ここ」。Ａ児が筆者（津村）を連れてきた場所は、校舎と校舎の間のスペースであった。Ａ児は、筆者の手を握ったまま、目の前に広がる景色を眺めていた。目前の景色をまっすぐに見つめるＡ児の先には、開けたコンクリートの地面と、小さな池、奥にそびえる２本の木があった。

　筆者（津村）も、Ａ児の視線と同じ方向に目を向け、Ａ児の"きれい"が何を表しているのか、見つけようと試みた。しかし、筆者にはどうしても、それは特に変哲もな

い、ごく"普通"の景色として目に映った。

　そこで、「どうしてここがきれいだなぁと思ったの？」と、A児に尋ねた。

　すると、しばらくぼうっと景色を眺めていたA児は、ふと我に返ったように、前を向きながら、そして、力強い声で筆者（津村）に次のように伝えた。

> 　ここのきがいちばんたかいから。おおきいきが、なんかたかさくらべをしているみたいだから。たぶん、くさがおおければおおいほど、ひくいんだよ。すくないと、かるいからどんどんのびるんだよ、たぶん。はがおおいといっぱいおもいからちからがひつようで。だいぶじかんがたたないとおおきくならないの。そうしたら、はもおおきくなるから。
> 　たぶん、それがりゆうで、あっちの（木）のほうがおおきいんだとおもう。だから、はっぱをかこうとおもったの。

　A児が目を向けていたのは、渡り廊下から離れた位置で高くそびえる、楠と杉の二本の木であった。筆者（津村）は、二本の木が、これほどまでにA児の心を動かすものとなっていたこと、二本の木の様子から発見したA児の気付きの広がりの様子に驚いた。A児は、ゆとりある時間が流れる「じぶんのじかん」の中で、じっくりと時間をかけながら、自分にとって心動かされる材を求めて探し歩いたのである。そして、この渡り廊下の真ん中を通ったとき、葉量の異なる二本の木がまるで高さ比べをするように伸びる様子に、自然のもつ不思議さやおもしろさを感得したのであろう（普段の生活では見落としていた部分に気付いたのかもしれない）。それは、何度も「たぶん」という言葉を使いながら、自分なりに考えたことを熱心に伝えようとするA児の様子からも伝わってくる。

　その後、A児は、地面に座ると、二本の木をじっと見つめなおし、学習カードにスケッチを始めた。

　「じぶんのじかん」のねらいの一つである、環境の解放により、子どもは自分の情意に素直になって、自分の興味のあることや気になることを見つける機会を得ることができたのである。そして、そのA児の事実は、自分の情意に基づいて探究を始める可能性を引き出すことにつながったのである。

　つまり、自分の素直な心で感じた二本の木に対する思いは、スケッチしたいと思うきっかけとなり、A児が真剣に材と向き合う時間となったと考える。

5. 認知的スキルと社会情動的スキルの相互作用

　富山（授業者）は、「じぶんのじかん」を通して、次のような子どもの育成を図った。
・自らの興味のあることや気になることを見つけ、学習環境や学習材・学習法を自己選択・自己決定して、自由に関わることを通して、自分の楽しみを深め、自己や身の回りのひと・もの・ことへの関心を広げていこうとする子どもを育成する
・自らの力で粘り強く取り組むことを通して、他者と協力することと感情をコントロ

ールすることを自己調整しながら身に付けようとする子どもを育成する

・認識と行動を自分の内面で統合するといった、自分の成長につながる学習（創造性を伴う自己表現）を行おうとする子どもを育成する

　では、「じぶんのじかん」は、子どもがエージェンシーを発現できる授業となり、バランスのとれた認知的スキルと社会情動的スキル（非認知的スキル）を発達させたと、なぜ言えるのだろう。

　「じぶんのじかん」は、木下竹次の「自律的学習」をよりどころとして、子どもの学びとしてのドラマが生成する授業を発展させた授業である。木下と同様、大正自由教育期に、「ドルトン・プラン」（ヘレン・パーカースト）を取り入れた、澤柳政太郎は1917年に成城学園初等学校「遊び科」「散歩科」を創設した。そして、「自由」と「協同」の２つの原理に基づいた教育を行った。「自由」という側面においては、「ものごとを徹底的に学ぶとは、自分にとって必要な速度・時間でもって知識を獲得することである」という考えから、時間割と一斉指導を撤廃した。「協同」という側面においては、集団生活の相互作用（interaction of group life）が重視され、討論や会議を通して、社会的適応と社会経験を得る機会とした。

　「遊び科」や「散歩科」は、「子どもの直接体験」と「生活経験を通した学び」を重視し、活動の中で子どもが「自分にとって必要な速度・時間」を選択する自由を保障する。そして、子どもが「自分にとって必要な速度・時間を設定する自由」を保障する。子どもには、何をして遊ぶのか、誰と遊ぶのか、どこで遊ぶのか、どのようにして遊ぶのか、そのために必要なものは何か等、自分の興味関心に応じて遊びを選択し、自分の必要感に応じて目的・内容・方法を定めることのできる自由がある。

　また、教師には、子どもの自由を尊重するために環境を整備したり、子どもの生活の中心である「遊び」の中に「学び」を捉える視点があり、「協同」を促す声かけを工夫したりする姿がある。

　「じぶんのじかん」は、上記のような教育活動を展開したことにより、子どもがエージェンシーを発現できる授業となり、バランスのとれた認知的スキルと社会情動的スキル（非認知的スキル）を発達させることができたのである。

　つまり、

> ①活動の中で子どもが「自分にとって必要な速度・時間」を選択する自由を保障する
> ②子どもが「自分にとって必要な速度・時間を設定する自由」を保障する
> ③教師には、子どもの自由を尊重するために環境を整備したり、子どもの生活の中心である「遊び」の中に「学び」を捉える視点があり、「協同」を促す声かけを工夫したりする姿がある

といったことを実現し、「認知的スキルと社会情動的スキル（非認知的スキル）を相互作用して、お互いに刺激し合い、人生においてプラスの結果を成し遂げる可能性を増加させる」教育が、これからの教育として求められると言えよう。

鼎談　想像力と創造力でつながる子どもを育てよう！

齋藤　滋（池田小学校校長）　小幡　肇（文教大学）　田村　学（國學院大學）

【池田小学校の研究の歩みについて】

齋藤：もともと私が池田小学校に着任して、３年目に当時文部省の理科・生活科の研究指定を受けて、研究をスタートしたんですよ。

田村：生活科が誕生するときですね。

齋藤：はい。平成２年だったと思います。そのときに小幡先生に初めて奈良女子大学附属小学校から来校していただき指導助言をいただきました。

田村：小幡先生がまだ若かりしころですね。

小幡：奈良に来てすぐぐらいだったので、35、6だったと思います。

齋藤：奈良にもよく小幡先生の授業を見せてもらいに行ってたんですけど、小幡先生にも本校によく来ていただいて、指導助言していただきました。もちろん自分の研究授業を見ていただいたんですけど、ほかの人の研究授業にも来てもらいました。だいたい３時間目か４時間目に研究授業があって、放課後に研究会を実施していたので、その間小幡先生は時間がありました。だから５・６時間目に私の教室にパイプ椅子一つを置いて授業を見てもらっていました。だから、研究授業に来られるたびに、毎回授業を見てもらって指導をしてもらっていました。

　「とにかくおもしろいことをやりなさい」とか「しゃべるな」とか「もっと子どもの力を信じろ」とかいうようなことで、ずっと指導を受けていました。けど、なかなか指導通りにできずに、すぐ自分が出てしまうみたいなところを何年かかかって直していただいたのが最初の出会いですね。

田村：その頃は校長先生も20代？

齋藤：そうですね、20代の終わりか30代のはじめだったと思います。

　それで、理科・生活科の発表が終わった４年後ぐらいに今度は社会科・生活科で大阪府の研究指定を受けて、研究発表会をしました。その間ずっと小幡先生や有田

和正先生のような方に指導を受けていて、研究発表会が終わっても引き続き校内研究でも指導を受けていました。自分たちだけがこの話を聞くのがもったいないと思って、校内研を公開していこうとしたのが、本校の公開授業研究会の始まりとなっています。

田村：それまではなかったんですね。

齋藤：そうです。それまではただの校内の研究会でした。指定を受けたときだけ発表会をしていました。それ以来毎年公開授業研究会を実施して、多くの人から意見をいただく形で研究しています。

田村：途中途切れることなくずっとってことですか。

齋藤：そうです。

田村：すごいですね。じゃあ、もう何十回連続ってことですか。

齋藤：そうですね。数えたら30回ぐらいになっているのかなと思います。

　　その途中で小幡先生を通じて田村先生を紹介していただいたのを覚えています。田村先生が文科省の視学官になられたぐらいのときだったと思います。そのあと、私は池小を出るのですが、田村先生には私が教育委員会にいるときに一度本校に来ていただき、ご指導していただきました。そして、私が校長として赴任し、3年前から田村先生に本校に来ていただき、お世話になっています。特に去年の7月には、全部の授業を見てコメントをいただき、本校の先生たちは非常に勉強になっています。

　　池小に30年以上関わってきて、小幡先生は池小教育をどう思いますか。

小幡：齋藤先生が現場でバリバリだったときを第1期としたら、齋藤先生が教育委員会にいる間を第2期、そして校長として戻ってきた今を第3期みたいに、齋藤先生のライフワーク的に私が関わった30年を整理できるのではと思っています。私が関わる以前をプレ第1期と呼ぶなら、池田小学校に戦後の郷土プランがあって、それが原則として貫かれていたとしたらまだ、一つ筋の通った研究になっていたのかなと思います。

　　なぜそういう話をするのかというと、田村先生も大手町小とか伊奈小とか堀川小とかも行かれていますけど、そういう学校には池田小学校と同じように20年30年公開研をやってきてますけど、一本貫く柱みたいなものがありますよね。伊那小なんかでいうと哲学ですかね。そういったあたりが、池小では2期、3期あたりで弱まったと感じています。

田村：池田小はもともとはそういう地域の中では中核となる学校として存在していたということですもんね。そういう郷土プランがあって、歴史と伝統のある学校なんですね。

齋藤：今年創立150周年をむかえて、7月に記念式典を行うんですけど、池田で一番にできたので当時は、一番小学校という名前でした。なにかと池田の中心みたいに言われることは多かったですね。

小幡：齋藤先生が1期のころというのはメンバーが本当に侍みたいな人が多くて、とにかくおもしろいことをとことんやろうという雰囲気に溢れていましたね。最近は

みなさんちょっとこぢんまりしてきたから、おもしろいことやろう、とことんやろうがちょっと先生方には弱まってきたかなと感じます。ただ、研究に向かう姿勢というのは変わってはいないのかなと思います。

あと、子どもを信じるという覚悟っていうのは根底には続いているような気がします。だから、先生方には子どもを信じる覚悟を持って取り組むというところはずっとつながっているような気がしていますがその辺はどうですか。

齋藤：なんかやっぱりね。そこまで信じきれる勇気がないというか、まだ不安が多いのかなという気がします。私も伝えてはいるんですよ。体験談として例えば、先生がしゃべりすぎるから子どもがしゃべらなくなること。先生が発問してもだまっているのは、考えているからなのに、そこでさらにヒントみたいなことをべらべらしゃべらないで、子どもの沈黙を楽しむぐらいの余裕がなかったらあかんと伝えています。

子どもは一生懸命考えているのだから余計なことを言わないで待ちなさい、と職員には言っていますが、でも沈黙しているのが不安で怖いから話してしまう。それと同じで信じようとするのですが不安感があって、手を出してしまうということが起こっている気がします。

小幡：そこのところが1期、2期、3期の中で弱まってきたのかなと思います。逆に言えばそこがこれから復活していくと子どもたちにとってはありがたくなるのかなと思います。

齋藤：子どももそうですけど、先生の成長も止まっていた時期だったのかと思います。私が校長で戻ってきて、嶋野道弘先生や田村先生や小幡先生に関わってもらって、また先生がだんだん腕が上がるというか変わっていく流れになっていると思います。先生が変わると、子どもが変わっていくんですよね。子どもが変わっているのを見て、自分の成長について実感を持っている。自分の授業が変わったというのを肯定的に捉え、いい循環になっているなと思っています。

小幡：齋藤先生が池小を離れていた2期のときは、私もあんまり池小に関わっていない時期で、見えていない部分がありました。

田村：安定的に同じように関わってはいなかったんですか？

小幡：研究会や公開研は続けていましたが、継続的・安定的ではなく、関わる頻度は少なくなっていました。

田村：何が要因だったんですかね？　齋藤先生が学校にいなかったことが原因ですか？

齋藤：ちょうど、学力問題が入ってきてどの学校もそうだったと思うんですが、算数や国語の研究が中心になっていったんですよ。それまでは、社会とか生活科とか総合とかで研究していたので楽しかったのが教材開発でした。教科書に載っていないような何かおもしろいことをやろうということを一生懸命やろうとしていました。算数や国語になると教材が決まってきてるので、工夫のやりがいが薄くて、どうやって子どもたちの学力を上げるかみたいな感じが学校の使命みたいになっていたと

思います。

小幡：齋藤先生が現役時代の1期のときは、私がみなさんと話が通じたのはこんな子がいて、こんな子がこうですよねという子どもの話がたくさんできていました。2期のときは、子どもの話がちょっと弱まったかなという気がします。そして、今3期になって、ちょっとずつ、こんな子がいてこういう反応をしてという話が増えてきたと思います。

　教師がどういう観を持っているかということによって、子どもを信じきるとか子どもと一緒に探ろうとか、そういう観を共有して、子どもを見たときに、この子こういう子なんだ、じゃあこういう経験をさせたいな、こういうことに視野を広げさせたいなとかいう、そういう見方をすることによって、その子への目標が決まる。目標が決まるから支援が決まる、という流れだと思うけど。2期のころは子どもを見るという観から、教材を見るというか方法への観へ移ったのかなと感じていました。

齋藤：私が現役のときは、小幡先生や有田先生のような方が実践家としておられたので、ああいう授業をしたい、あんな子どもたちを育てたいというような具体的なモデルがあって、小幡学級の子どもたちみたいに自分のクラスの子もしたいというような思いがあったので、一生懸命学ぶことができました。

田村：有田先生が愛知教育大学で働き始めたくらいのときですか？

齋藤：そうですね。筑波大学附属小から愛知教育大学に異動したぐらいのときですね。今、教育委員会にいる池小の先生だった安原宏一先生や遠藤先生は私の授業を見ている。ただ、私が教育委員会にいる間に池小の研究を進めていた職員は私の授業を見ていないんですよ。小幡先生も現場から離れて数年たつので、モデルになるような子どもたちとか具体的な実践が見られないというのも、少ししんどかったのではないかと思います。

田村：学校の研究としては、ぐっとがんばっていた時期があって、ちょっと停滞と言われるような時期があったということですね。それは教育の流れともシンクロする部分はあるのかなと思います。つまり、生活科がスタートしたのが平成4年で、総合的な学習の時間が平成12年に動き出しますけど、平成15年ぐらいから学力低下問題が出始めて、平成17年ぐらいのときから総合的な学習の時間をなくすみたいな声も出てくるものですから、そういう意味では先ほどの学力というか国語・算数の教科に振ろうという流れと結びつくかもしれません。

　それがまた、平成20年の改訂を踏まえて今回の指導要領改訂になるに従って、徐々に探究とか「主体的・対話的で深い学び」の話になっています。池小の研究が重なるのかなと感じます。学校の先生方にしてみれば、世の中の大きな流れの中で研究をしているので、そういう研究の進め方になったのも止む無しという感じなのかと思います。

齋藤：そんな感じだったと思います。

田村：日本全国どこでも、大きく言えばそういう傾向はあったのかなと思います。生活・総合をやろうやろうとなっていた学校が国語・算数をやろうという話になって

いったのだと思います。そうなるとどうしても、教科の内容や方法を追うようになってしまいます。

小幡：やはり、その中でもぶれずに学校の研究を進めているところというのは、一本貫かれた学校の精神があるのかなと思います。

齋藤：田村先生から見られて、先生が関わり出していただいたこの3、4年の池小の成長とか感じられることはありますか？

田村：このショートの期間ですよね。

　　全員の研究になろうとしているのかなという感じはしています。研究の中心になっている人ももちろんいますし、校長先生ががんばって牽引している部分もありますけど、学校のサイズが大きい中で一人ひとりがある程度同じ方向を見て、自分たちで共通のイメージを持ちながら、学校の研究を形にしようとする方向に向かっていると感じます。そういう意味では職員集団の一体感とか凝集性がだんだん出始めているのではと感じています。

齋藤：研究部長の山田先生の成長が大きいと思うんですよ。もともと他市から池田に来られた先生で最初のころはそんなに学校の中心になっていなかったと思うんだけど、私が校長に来たときから研究部長をやってもらいました。ものすごくやる気を持ってやってくれて、だいぶ力をつけて引っ張ってくれているから、山田先生の影響は大きいと思います。

小幡：今のところで言えば、社会科を中心に教材研究にはまって、いろいろと調べて回って腑に落ちることが楽しいよね。そして、それを子どもたちと一緒に同じようにやれたら楽しいだろうなっていうことで、子どもたちと探っていくという過程が今でいう探究というのがベースにあったのかなと思います。当時は追究というワードで有田先生がおっしゃっていましたけどね。追究という子どもが学習するところを学校の先生にダブらせたときに、教材研究にあたる教育の動向に対する深まりが各先生方としては弱いんじゃないかなと思います。

　　全国で総合の研究で注目されている学校は、今の教育の動向や出てきている言葉とかその背景にある問題とかそれぞれがご自身で勉強されていると感じます。池田小学校の先生方は、教材とか学習指導とか日々の授業の部分では追究しているけど、自分の研究の視野が教育の動向の部分まで持ってこれていないというのは感じるところです。その辺は田村先生どうですか？　全国で注目されているような学校によく訪問されていると思いますが、各学校の先生方は教育の動向というものをご自身で深掘りされていますよね。

田村：そういうところはありますよね。おそらく大きな流れがあって、戦後の社会科があり、それが生活科の誕生につながり、総合みたいな話になってくる。そこで一回学力低下の冷や水がかかるわけですよね。ただ、そう言いながらもやはり、その子どもを中心に学習者が中心でなければ本当の力はつかないだろうという話は結局ゆるぎなく胎動してくるという流れなんだと思います。

　　そのときに小幡先生がおっしゃる通り、旧来の牧歌的な活動主義みたいな話とか

子どもが楽しく学んでいることこそ大事だというような話だけではなくて、もうちょっと、時代に合った価値をきちんと語っていかなければならなくて、そこに例えばOECDの話であったり、PISA調査やTIMSSの結果の話があったり、いわゆる資質・能力の育成があったりするのでしょう。さらに、AIとかSociety 5.0の社会になればなおさら子ども中心が大事だとする話なのだと思います。ただ、その根底に流れる欠かせない基本的な理念と今日的に求められている部分とのマッチングを的確に捉えて形にしていくような意識があるかどうかが大切かもしれません。

　欠かすことのできない基盤となるものは、揺るぎなくあるんだけど、ただそれだけを語っていてもなかなか世の中からは認められないというか理解してもらえない。その時々の社会のニーズとか求められているものとの関係をうまく噛み砕きながら本当の必要性をアピールしていくと、いろんな人が納得したり、理解したりしてくれる可能性が上がっていくと思います。そういう意味では、基盤となる子どもを中心とする考え方、総合的に学んでいく考え方には、価値があると思うのですが、時代や社会背景とともに洗練されていくというかグレードアップしていくというのも同時に求められると思います。

小幡：私が感じているのは、情報スキルが大切だとか自己肯定感が大切だとかいう、先生方がいろんなところでお話しなさったことをいいなぁと感じ、それってどういうものなの？とかを感じて、その上で自分の授業とか子どもを考えるとかをしなければならないのに、聞いた言葉を理解せずにそのまま持ち込むことがあるのではないか。言葉のイメージだけで自己肯定感とかを自分の授業の中で大切にしたい、というように言葉のイメージだけで研究にしている部分もあるのではないか。

田村：知識がリニューアルされたり、モダンなものに更新されたりすることは大事だと思います。しかし小幡先生のおっしゃる通り、それが常に子どもの姿につながっていたり、連動したりしていないと教室の事実として形にならないということはあるのでしょうね。

　逆に言えばモダンな最新の言葉がなくても子どもの事実をもっていれば良いっていうことになると思いますけどね。

小幡：あてはめる言葉があるかないかというだけかもしれませんね。

【個別最適な学びについて】

齋藤：そういったところとも関連するのですが、本校は今年から「個別最適な学び」の在り方について研究していこうとしています。これまではどちらかという「協働的な学び」、対話を中心とした学びを中心にしていました。もちろんこれまでの研究をベースにしながらになるのですが、個別最適な学びにシフトして研究を進めていこうとしています。

　でも、職員は全然イメージが湧かないので、研究部長の山田が小幡先生に連絡して、いろんな事例を紹介してもらいながらスタートしています。個別最適な学びを

研究するにあたって、池小も含めて、学校の方向性でどんなことがポイントになっていくのか教えてもらえませんか？

田村：それは私も教えてほしい。小幡先生は、個別最適な学びをどうお考えですか？

小幡：先進的に研究を進めている学校を例に挙げると、個別最適な学びを研究するにあたり、学校長が職員に「覚悟はあるのか？」と問うたと聞いています。教科で探究をしっかりやっておくと、探究に必要な資質・能力が教科で身についていくとしたら、総合で探究をすることと合致していることになります。だから、その学校では、総合ではマイプラン学習としてやりたいことを15時間かけて磨いてそれを発表するという内容にしました。

　教科での探究をしっかりやった上で成り立つのですが、その学校を見ていて思うことは、これまで対話とか一斉学習とかいわゆる全員での学習をベースにやってきているので、一人の学習をどうしていくのかというより、一人がどう学習に向かうかというイメージがない怖さはあるのかなと思いました。そこでポイントとなるのは環境の解放ではないかと思います。図書館だったり、図工室だったり、実験道具だったり、子どもが自由に自分で使えるということが一つだと思います。解放するという言葉でいうと教師も解放するという意識が大切だと思います。

　つまり、子どもが問うてきたらその都度応じてあげるとか、一つの枠組みや教科だけにとらわれず授業づくりを考えて、すべての学習が開放された環境の中で絡み合うという考え方になることが大切だと感じています。そういう解放する教師の下で、環境が開放される。そうすると子どもが自然に解放されていく。そして、子どもが開放されていくとそこに個別的な学習が一人ずつ作れていくと考えています。

　子どもは、一人ずつになると不安でしょうがない子もいます。不安なときは近くの人に相談したくなるので、当然そこで必然的に対話が生まれてくると思います。子どもに学習に向けての一人旅をさせていくような感覚が必要ではないかなと思います。

齋藤：一人というイメージは湧くのですが、個別最適化の学習の中で、子どもたちがそれぞれ自分の思いや願いを実現していくということだと思います。

　イメージ的には図工の学習とかはあてはめやすく、図工の時間に同じテーマで作品を制作する場面があり、その作品の中には、個々の思いや願いが反映されてそれぞれの作品ができていくというイメージをもつことができます。それが国語や算数になると、それがどのようにつながっていけるのかというのが難しく感じているところです。

小幡：今の話はとても大切で図工がなぜイメージしやすいかというと、それは作業がキーワードだと思います。作業という活動があるので、いろんなものが開放されて、自分の学習がつくれる。国語とか算数とかも手作業的なイメージを大切にしたらいいのではないか。

　例えば新聞を作るというような活動だと、その中で作業が生まれ、必要なものがやり取りされる中で個別最適な学びが展開されていくのではないかと思います。図工でイメージができるのであれば、それを国語や算数の中にも落とし込めるのでは

ないかと思います。

田村：個別最適な学びは、令和の日本型学校教育構築（答申）の中に出てきます。考えなくてはいけないことは、１年間に授業が1000時間ぐらいある中で、個別最適の個別という一人ひとりがバラバラでというイメージの状態が1000時間の授業のすべてにあてはまるというわけではないということが大切です。一人ひとりでやった方がいいという教科や単元や学年や場面が部分的にあるっていうことではないでしょうか。

　一人ひとりがICT等を使ってこれまで以上に充実した学習ができることはいいことだと思います。まずは大切にすべきです。しかし、すべての時間ではないということ。ある一定の割合があって、その他は一斉に学ぶこともあるのだと思います。そのことをまずは共有することが大事だと思います。その上で、個別というのは大きく２類型されて、簡単に言うと対象が違うという話だと思います。社会科だったら調べる対象が違ったり、図画工作だったらテーマが同じでも自分の表したいものが違ったりするということです。

　一方、算数のような教科だと学習活動の道筋は一本にひけるので、この一本のラインの中で早く進める子とゆっくり進む子がいるという話になります。だから個別というものにもいろんな状況がある。学習方法であったり、興味関心だったり、その辺が多様に複雑に絡まっていくことがあるので、個別なるもののイメージをきれいに豊かにしていかないと、どうしていいか分からないという状況に陥るのではないかと思います。教科の特性からいうと図画工作や社会科とか横に複線的に広がるタイプと、算数科のように単線だけど速度が違うような教科があることをイメージできるといいのかなと思います。

　もう一つ押さえておかないといけないのは、個別に目が向くが故に、最適の話があいまいになっていると思っています。おそらく最重要なのは、個別よりもアジャストする最適の部分だと思います。つまり、一人ひとりに最適である学習が生じることが最優先で、この子にとってもこの子にとってもおそらくベストな状況の学びが生じるように考えたときに、ひょっとすると30通り違う可能性があれば、ものによっては５グループぐらいになることもあれば、ものによってはみんなで集まって一つのことを考えることもあり得るということを考えておかなければならないと思います。それは、これまで子どもたちが真剣に集団で学んでいたような学習は、実はみんなにとって最適になるような授業が行われていたのではないかなということです。そう考えると個別に気を向けすぎないということと、もう少し個別の内実を丁寧に見ていかないといけないのではないかと思います。

　個別に最適な状況が生まれていたのはいわゆる幼児期の教育活動だったと思います。幼児が砂場で遊んだり、いろんな遊びをしたりして活動に存分に浸っている状況は極めて個別最適になっていたのだと思います。幼児たちが真剣に遊び続けるように材料が整えられたり、場所が用意されていたり、時間が工夫してあったり、先生がうまい具合に関わったりするわけです。とすると生活科や幼児教育のもってい

る学びというのは、極めて個別最適を考えるヒントが転がっていると捉えた方がいいのではないでしょうか。

　幼児教育の先生は、環境構成が重要だと話しています。生活科もそうだと思うんですけど、多くの子どもたちが充実した遊びや活動が展開できるように整った学習環境や状況を整備することができると、一人ひとりが真剣に学びに向かえるということになります。逆に言うと、一人ひとりがタブレットを持っているから充実するということでもないのかもしれない。タブレットも紙ベースもあるかもしれない。ドリルもあるかもしれないし、友だちもいるかもしれないし、先生もいるかもしれない。この単元ではこのYouTubeに行くといいよというのがクリーンに整理されているかどうかが最適な状態を生むかどうかの重要なポイントになってくると思います。

　なんとなく一人ひとりが端末を持って、一人ひとりがやりたいことを決めれば、あとはなんとかなるみたいな感じにしちゃっているような事例も見ることがあるので、過去に見た這いまわるというような状況になりはしないかと思って心配しています。

小幡：私は最近与那国とか島の複式学級の授業を見る機会があるのですが、複式学級の先生は見事に片方で5年生の算数をしながら、途中から6年生の算数をするというように、まさに2つの学習を同時進行で進めています。そういう2つの学び、3つの学びが同時進行しているイメージがないのかなと思います。同時にそんな違うことを取り組めないよという先生方の不安のようなものが、個別最適化の学習に取り組みにくいという負のイメージにつながっているのかなと思います。

齋藤：私は先生方が個別最適化された学びをしている子どもをどのように見ていくのか、子どもの見方というのも気になっています。どのように学んでいるのか見取っていけるのかどうかも大切だと思います。

田村：個別な時間がどれくらいのサイズになるかによって、かなり違ってくると思います。例えば、同じ45分の中でも10分間個別の時間があるという個別もあれば、単元にわたって10時間個別でやっていこうというような単元内自由進度学習とかもあります。このサイズが大きくなればなるほど、子どもの違いはものすごく多様になっていくわけです。

　多様になっていくと、おっしゃる通り見取ろうとする教師としては、めざそうとしている授業の姿も極めて幅が広いので、バリエーションが多くなりすぎて、どれをめざしているのかがはっきりしなくなって、評価が難しくなります。

　だから評価の部分を一個一個の活動で見ずに、どこかスクリーニングというかラインを引いたところでチェックしていく感じになるのかなと思います。校長先生がおっしゃったように日常的な子どもの姿を、丁寧に追っかけるということを意図的にやっていくことがより一層重要になろうかと思います。

【個別最適な学びと自立について】

小幡：子どもを見取っていくということが、今までは子どもが取り組んできた学習内容で見てきたと思います。今回、資質・能力という言葉が示されている通り、子どもたちが自分で10時間学習の手引をもとに、自分で計画を立ててひとり学習に取り組む、そうする中で自分は今日はどこまで行けたのかという部分を自分でチェックしていくことによって、計画性というようなものを身につけることができるというか計画的に進んでいないことから調整する力などを見取って評価していくというような部分が大事なのかなという気がしています。その辺はどうでしょうか？

田村：学習者が自立していくことは、めざすべき大事な方向性です。簡単に言えば介入すればするほど、自立しにくくなるというような可能性があります。ただ、放置すれば育つかというと、それはまた怪しい。適度に介入するというか、適切な状況で子どもたちに関わるというようなことができないと、おそらく自立はしにくいだろうと思います。そして、徐々に徐々に自立的になるのが期待する姿でしょう。そうすると、個別ということで本当に子どもに力がつくのか心配だとか、一人ひとりを見取っていけるのか不安だというのは正直な意見だと思います。

　考えるべきは、個別のシーンの充実であって、先ほど小幡先生がおっしゃった通り、環境構成だとか、状況の設定だとか、あるいはそこにおける子どもの学習計画を無事適切に立案できるかどうかとか、準備しなければいけないものがあって、それはたぶん幼児教育や生活科の学習から、かなり学べるものがあると思います。そこの部分を仮にど真ん中のミドルとしたときに、このミドルの前と後が必ずある。つまり、ビフォーとミドルとアフターがあるので、個別の前には一斉があって、個別の後にも一斉が来るはずです。この真ん中のミドル部分をなんとなくやっていてはだめで、これまで話してきたような配慮が必要になります。

　加えて、ビフォーの部分も教師が意識的に指導を行っているかどうかを問わなくてはいけない。なんとなく「はい　やりなさい」ではなくて、やはり自分がやりたいものって何なのかなって目的がもてるとか、自分が実際にやるためにはどういうものが大事なのかなと課題が明らかになるとか、その課題の解決のためにはどういう順番でやっていけばいいのかなという見通しが立つとか、こういうものがはっきりとしていればミドルのところが充実していくと思います。このビフォーの部分をないがしろにしていて個別の話をいくらしていても、なんか放置されたみたいな感じにならないかと心配です。

　さらにもう一つ言えば、ミドルの後にはアフターが来るので、個別が終わった後に、たぶんみんなで学ぶ時間が来るわけなので、ここでいったい何をしているのかも大切です。話題として共有化されると考えが質的に高まるとか、自分のもっていなかった発想をもっていた子どものことを聞くことによって、自分が不十分だった部分が補完されるというのがあるはずです。ミドルの後のアフターの一斉がどうなっているのかというのも意識した方がいいですよね。そうすると、一人ひとりが違

ったんだけど、個別に学んだ後にみんなで情報共有とか意見交換とか、あるいは言語化してまとめるなどの精緻化するものがあると、アフターの部分が充実して、一人ひとりが確かな学びになっていくのではないでしょうか。この辺が抜け落ちて、話が進まない方がいるのではないでしょうか。

　その辺は、これまで大ベテランの先生方が大事にしていた日本の教育の良さがあるような気がしています。そういうパッケージで見ていくと、個別最適という話が豊かになるのではないかと思います。

齋藤：今の話を聞いて、私が以前小幡先生に授業を見てもらって話されたことを思い出したのですが、歴史学習で一枚の絵を使って、みんなではてなを出し合って、次はひとり学習で調べ学習をして、その次は調べたことをみんなで話し合って、最後ふりかえって、分かったことをまとめるというふうなパターンで授業をしていました。その授業を見た小幡先生が、呼吸に例えられて、これが大事だと吸って吐いて吸って吐いてみたいな連続した学びを展開することが大切だと評価されたことを思い出しました。

田村：ビフォーやアフターなるものとミドルなるものは、常に前後関係なので、どっちにもなり得るというものだと思います。ビフォーからミドルになるのだけど、このミドルなる個別が次の学習につながっていくので、ミドルはビフォーになっていくということだと思います。

　個別に学ぶシーンと集団なり一斉で学ぶシーンがおそらく行ったり、来たりしながら繰り返されるのでしょう。一方だけがずっと最後まで行くということはたぶんなくて、それが個別最適な学びと協働的な学びと言っている部分でもあるのかなと思います。

小幡：田村先生が今言われた、個別が先でとか協働が先とかではなく、両方ともあり得るという話でちょうど結び付くのは、デューイも木下も絶対に片方だけで完結しなかったということです。デューイも自分がやっていることだけが正しくて、相手がやっていることがダメだと排除するのはダメだと言っています。つまり、自分が言っていることと相手の言っていることを妥協するのではないけどそこからさらに新しいものを創るという感覚が大事だと言っています。

　奈良女は独自→総合→独自で進んでいる。ひょっとしたら一般の先生方は全体→個別→全体で進んでいるのかもしれません。けれど、これがどっちかだけで相手を排除するという考え方ではなく、考えを出し合ってさらに新しいものを創るという考え方になったときに、両方のパターンがあり得るというところで生み出すというのが大事だなと田村先生の話を聞いて感じた次第です。

齋藤：まさに多様性ですね。本校の先生方にもがんばってもらおうと思います。

田村：過去における名人が行っていた一斉指導における授業というものがありました。そういうものが否定されるような話ではないということは大事かなと思います。

　一斉に学んでいること自体が否定され、集団で学習していることが古いと話す人もいるようにも聞こえるんです。それは、学習場面や状況によって違っていて、個

別になった方がいい場面もあれば、みんなで話し合った方がより良いこともあるだろうと思います。これまでやっていた価値とか良さを大事にしながら、本当に一人ひとりの学びが充実したものになっているかというところに目配せしなければいけません。

小幡：それのどこに重点を置くとか今日はこれ一本でいこうとかその判断というのは、子どもを見て、この子にはこういう経験をさせたいとかこういう視野を広げさせたいとかそういうものがあって初めて判断、支援ができるのだと思います。そこは教師が的確に子どもの何が育っていて、何をこれからもっと育てたいかというのを見て、判断して、次を考える力というのはまさにこの個別最適な学びと協働的な学びをどう進めていくのか、そこが命になってくるような気がします。

　いろんな子どもがいて、その子に合った支援や指導が大切だと思います。違いというか…。先生方はもしかすると違いというのが怖いのかもしれませんね。違うというのが同じことをしていないみたいに感じるのかもしれませんね。個別最適な学びには違いが生まれますよね。

田村：違いは当然あって、興味関心であったり、習熟度も違いますし、認知特性も違います。みんないろいろ違いがある中で、その違いに対応するっていうのは当然で、それを個に応じた指導で行うという話は、私たちが30代ぐらいのときから、ずっと語られていたことでした。その意味では、個別には十分配慮もされてきました。

　さらに個別化をした方がいいんじゃないかという授業がICTでできるような状況になってきているのは、好ましいことだと思います。これまで以上に個に応じやすくなっているので、子どもが学びを個別に進捗できるのはいいことだと思います。大事なのは、タブレットは魔法の玉手箱でもあるけれども、ただ持たせておけばいいっていう話でもないっていうことは重要です。学びの文脈というか連続性の中でいかに確かで質の高い深い学びを生むことが大切で、その辺の教師の指導性は大事かなと思っています。

小幡：木下の学習言論には「異なった遺伝と環境をもったものが集まって学ぶことによってその成果を上げる」「教師の整理された環境のもとで子どもは自分の学習を遂げる」と書いてあります。今まさに、そこの部分の話が展開されたのかなと思います。先生方には、デューイとかペスタロッチとかも読んで、今の教育についても考えてほしいと思いますけどね。

齋藤：先生方がどこかの事例を紹介してほしいとよくありますが、逆にいろんなアイデアでそれこそ先生方が多様に自分の考える個別最適な学びはこれだという感じで研究を楽しんで、授業を創ってくれたらそれもおもしろいかなと思います。

田村：令和の日本型学校教育の答申によると、「指導の個別化」と「学習の個性化」と分かれています。乱暴に言うと指導の個別化は学習内容を習得するイメージです。学習の個性化は探究になっている。齋藤校長先生がおっしゃっていたイメージは、どちらかというと学習の個性化に近いイメージだと思うんです。

　そうすると池田小学校が最初から行ってきた、子どもを信じて、子どもたちの思

いや願いを大切にするという話になってくるのだと思います。学習の個性化とする探究のイメージに比重をかけながら、豊かな子どもの学びを実現していくのかなと思います。例えば、生活科や総合がそのモデルになりやすいと思います。そういったところにICTを位置付けることで、一人ひとりの学びが一層充実していく可能性はあるかもしれません。と同時に、それが際立ってくると、もう一方の教科において、より確かな習得場面におけるICTの利活用が実現されるのではないかと思います。違いが意識されて実践ができるとよいのかもしれません。

【想像力と創造力でつながる子どもについて】

齋藤：研究テーマを「想像力と創造力でつながる子ども」としていて、本のタイトルも同様にする予定なのですが、想像力のイメージと創造していくクリエイティブがこれからの社会を形成してく上でより重要な力になっていくと思っています。授業の中で意図的に想像する場面と創造する場面を設定し、それをつなげながら思考していくことで、子どもたちに力がついていくと仮定しているのですが、このテーマについてどう思われますか？

田村：池田小学校は今、イマジネーションとクリエーションをどのように考えているのですか？　分けて考えているのですか？

齋藤：現在、研究中でまだざっくりとしているのですが、課題に対しての方法であったり、自分の考えであったり、思考の深め方をイメージしていく。そこで、獲得した知識や技能をつなげて、クリエイティブに発展させていくようなイメージを共有して研究しているところです。

田村：プロセスで分けている感じですか？

齋藤：プロセスで分けている部分もありますし、学習場面でも子どもたちが想像力を働かせて考える場面と創造力を働かせて活用する場面を単元の中に設定していくことも共有しています。

田村：そのイマジネーションなる想像力とクリエーションなる創造力を働かせる場面をプロセスで峻別するのは一つの方法であると思います。学習場面というのはどういうイメージですか、よりイメージする場面とよりクリエイトする場面をどう使い分けているのですか？

齋藤：教科でもこのテーマで研究していますので、国語や算数では、課題に対してイメージしたものを共有し、それを個別や協働で解決し、解決したものをクリエイティブに発展させていくイメージです。

田村：例えば、現在デザイン思考が話題になることもあります。デザイン思考は、デザイン思考のダブルダイヤモンドというような形があって、ダイヤモンドが2つ並んでいます。前半戦が問題発見過程で、後半戦が問題解決過程という形で考えられています。例えば、今の問題発見過程がイメージっぽい感じで、問題解決過程っぽいところによりクリエイティブが出てくる感じでもある。それはそれでアイデアと

してある。なんでそれが大事かというと問題発見・解決能力が重要だというのは学習指導要領総則第2の2のところにも書いてあって、発見と解決は分けて考える発想もあるのではないでしょうか。

　発見と解決を分けるっていうことは、これまで以上に発見過程を重視するという話になっていくと思います。物事をやるときの課題の設定だとか、テーマの明確化だとか、問いを作るというようなことが重要な部分になってくるというメッセージになってきます。チャットGPTが出てくると、発見過程のウエイトがすごく高まってきて、解決のところはAIがほとんどやってくれそうな時代になってきそうです。問いの設定だとか、問題場面の確定だとか、自分のテーマのイメージの明確化みたいなものが、すごく問われる時代になっていくのかなと思っています。

　ですので、デザイン思考のダブルダイヤモンドって大事かなと思っているんですけど、プロセスが整理されていくとイマジネーションとクリエーションはこうしてつながっているという研究テーマはとってもおもしろいと思います。

小幡：デューイと木下の時代には、どちらかというと生産と利用という2つの考え方があって、いわゆる生産というのはどんどん増えていくから、自分の中に蓄えられていく。デューイも木下もむしろもっと利用することを考えるべきだと。利用するときにいろんな力が発揮され、自分の中にあるものとかないものを寄せ集めるときに、力に変わっていくので、もっと利用することを考えなさいと。

　だから、それがさっきの作業・活動にあてはまっていくのかなと思います。そう考えたときに例えば、生産というところにいろんな想像、利用の方にクリエイティブの創造があてはまっていくのだと思います。つまり、生産と利用の考え方で整理されるのかなと思います。

齋藤：私が研究部長の山田によく言うのは、クリエーションの方の創造はプログラミング的思考を参考にした方がいいんじゃないかということです。要は、組み立てていくイメージで、何か材料を集めて組み立てていくんだという意味の創造をしないとあかんと思っています。

田村：プロセス的に言うと、イメージするところはやや拡散的、クリエートするところは少し収束的という感覚はありますよね。収束のときに、プログラミング的なロジカルな組み合わせバージョンみたいな話ができるのではないかと思います。「生産と利用」の利用のときは、このロジカルな思考になるのかなと思います。生産というのは具体的にはどのようなイメージでしょうか？

小幡：いろいろ生み出す、当時で言えば工場生産みたいなイメージです。

田村：収穫みたいなイメージもそうですか？

小幡：そうですね。そのようなイメージです。

田村：その意味では、多様な情報が入ってくる処理過程の入力系の部分と出力系の部分で分けることはできますよね。どっちかというとインプットする入力系の方が情報を取り込むことになるので、拡散的でありより解釈的な場面が生まれやすくアウトプットする場面の方がより収束的であり、かつ、より分析的な感じになる可能性

はあるのかなと思います。想像力と創造力の両者の重要性を整理できると、分かりやすく提案できるのかもしれませんね。

小幡：それこそ、そこの部分を一つのことで整理せずに、多面的に整理するといいのではないですか。今、話されたことからある意味ではこうで、この面からみるとこうでというように。

田村：思考力なるものを想像力と創造力という言葉で整理すると、これまで以上にものが見えてくるという説明をされることが大事だと思います。ただ、似ている言葉があるから並べましたではなく、学校で子どもたちに思考力・判断力・表現力をつけなくてはならないっていうことがあるときに、イマジネーションとクリエーションっていう言葉を上手に落とし込んで、仮にプロセスのようなもので若干入力系と出力系に意識的に落とし込むと、授業におけるそういうシーンを指導者が自覚化するので、おそらく授業中の先生の行為は意識的になるし、子どもたちにもそういった力がつく可能性はあるのだろうと考えます。

　プログラミング的思考でアウトプットしていくときには、言ってみればレゴを組み合わせていくみたいなことをしていくことになるだろうから、知識を構造化していく行為こそが実は重要で、それが本当のクリエイティブでロジカルな行為なんだと思います。目の前にいる子どもたちが、より豊かに、めざしている資質・能力の育成に向かえる教師の働きかけ、授業改善になるんだと語れることが大事だと思うんです。

　ここまで話し合ってきたロジックを使ったら授業の手立てがはっきりするのだと思います。入力のインターフェースとアウトプットのインターフェースの２つの局面があると思い始めて、両者はちょっと違うぞと思い始めて、この働きかけやこの働きかけは必要なのかなと教師が思い始めたら、全然変わっていくのではないかと思います。

小幡：今のところが想像と創造の定義的な部分であるとすると、先生方が欲しているのは、じゃあ授業の中でどうなの？っていうことだと思うんですよ。そうしたときに、ヒントになるのはブリティッシュコロンビア州のカリキュラムでビッグアイデアというものが一つ大きなものだったら、こっち側に授業の中でのコンピテンシー、いわゆる配列というか例えば関心と予測、計画と実行があって、もう一つにコンテンツ内容が来るという、だから想像と創造の２つの配列を授業の中で設定することで想像力と創造力のつながりが実現していくのではないでしょうか。

田村：アイデアとしては、授業の中で想像になる、どちらかというと入力や課題を作る前半シーンでは、具体事物、対象、現象に触れながら、物事のイメージを広げたり、話題が広がったりしていく。後半部分のアウトプット、クリエートする場面では、想像したものを組み合わせてこんな考えを創っていく。そういうマップができる話ですね。

齋藤：指導案にも子どもが想像力・創造力を働かせる場面を明示するようにして、指導者も意図的に展開し、参観者にもそこを評価してもらうようにしています。

田村：イマジネーションとクリエーションを書き分けているということですね。多くの場合、先生方はどんな感じなんですか？　前半の部分にイマジネーションがあって、後半の部分にクリエーションがある感じですか？

齋藤：そうですね。そのような分け方で授業を展開している先生が多いですね。

田村：どちらかというと入力のときに想像して、授業の最後に形を作るときに、クリエートする感じですか。そのときにどういうふうに組み合わせると効果的だとか、何を組み合わせると効果的だとか、そういうことを明らかにしたいですね。組み合わせる粒と組み合わせ方のバリエーションで組み合わせられたものができてくるのだと思います。一個一個のブロックの種類の問題とブロックの組み合わせ方の問題で組み合わせたものが決まってくるという話です。頭の方で行うことはそのブロックを見つけ出すとか、ブロックを集めこむとか、ブロックを並べだすとかという感じがします。

　学校としては、想像力と創造力というワードを出したことで、なんかちょっと今までと変わったなというところはあるのでしょうか？

齋藤：漠然と授業を組んでいた人も多かったと思いますが、学校全体で想像力と創造力を共有し、研究授業でもそうですが、日々の授業でも意図的に組むようにしていますので、普段の授業も変わってきているように思います。

小幡：大事なところはそこだと思うんですよね。そういうことを書いたり、考えたり、研究授業をすることによって、普段の日常の授業の中でも、子どもたちがイマジネーションを働かせているとか、あの子とあの子のこの会話はクリエイティブな思考をしているとか、授業の中で感得できるというか感知できるというのが一番大事なんだと思います。つまり、日々の中で研究を自分のものにしていくことかなと思います。

【池田小学校の研究について】

田村：今の話と個別最適な話がどうつながってくるかです。さらに言うと、これまで大事にしていた協働がどう効いてくるか。つまり、多様な視点だとか情報だとか最初のイメージを広げるイマジネーションの部分は個で動いた方が充実することもあれば、集団でやった方が効いてくることもあるのではないかと思うわけです。それを次にクリエートして固めて、まとめて、創りこむところも、個でやった方がいいのか、集団でやった方がいいのか、もありそうですよね。個別最適な学びを実現しようとしているということは、個になることもそうですが、より最適化がされなければいけないことだから、それを一人ひとりが運用できるっていうことを期待しているという話だと思います。なんとなく依存するのではなく、一人ひとりがそれを自分で広げて、自分で組み立てられる子になってほしいということなのだと考えています。

　これまで、話してきた想像力と創造力の話と最初に話していた個別最適の話が別

物として存在するのではなくて、うまく嚙み合って存在してほしいですよね。そのときに思うのは自立っていう言葉ではないかと思います。生活科が誕生したときの自立は自分でできることを良しとしていた時代なんですが、今日的な社会はむしろ意図して依存することを良しとする社会になってきている。自律・自立の意味や価値がだいぶ変わってきていて、むしろ必要なときは頼るべきだという社会になってきているのかなと思います。

小幡：それは、自立が一つ進んだ自立に変わってきているのだと思いますよね。つまり、最初は赤ちゃんのときに依存から始まり、それからだんだん自立していくことになりますが、でも本当に自立した姿というのは、自分が困ったときに自分が頼れる人がすぐ見つかる、つまり自分が自立したということは同時に自分がいつでも困ったときに頼れる人が見つかったということなのかなと思います。

田村：人に頼れることも重要な自律・自立になるので、いわゆる個別最適における自律・自立というのも、常にそれを持っておかなくてはいけない。一人でやれたから良しという話ではなくて、相談するとか困っているから助けてもらう、力を合わせるっていうのが自律・自立であると思っていたいと思います。

　私たちは自分だけでできるようになってほしいと思いがちではないですか、一人でできるようになったから自律・自立だみたいな。そうなんだけど、一人でできなくてもいいというのが、自律・自立の概念になってきているように感じます。とりわけ社会福祉が広がってきていて、そういった感じになってきています。このイメージは結構大事だなと思っています。自分でできるようになりなさいという感じがあるじゃないですか。それだけではなくて、むしろいろんな人に頼って、相談して、お願いしてというようなことも重要な自律・自立だと思えるかどうか。めざす方向が違ってくる大事な部分だと思います。

小幡：そういう大きい自立というか他者へのしっかり依存できるということを踏まえた自立があって、その中にいわゆる方法としては個別と協働があって、そこに想像と創造があってそれを表みたいにして整理すると分かりやすいのかもしれませんね。

齋藤：そこを整理しないと先生たちみんなが同じイメージをもって、研究するというのはなかなか難しいですね。

小幡：「自立」と「個別最適化」と「想像力と創造力」が3つバラバラだと難しくて、全部これが一つの根っこですよというところで研究していかないと、3つバラバラなところを追いかけていくのは厳しいですね。だからそこの整合性を煮詰めていったらいいのかなと思います。

田村：今後のことを考えたときに、仮に現在を3期だとして、充実のスタート1期があって、充電期間の2期があって、胎動してきた3期がある。波があるとは思うんですけど、それがある程度高い水準で維持された方がいいということだと思うんです。この1期、2期、3期、そしていつかやってくる4期となっていく中で、池田小学校が大事にしてきたものや欠かすことのできない教育的な理念を共有できるように残していくというのもいいのかなと思います。

人が変わっていくということは、口伝えの口伝だけだとなかなかうまくいかないこともあるのかなと思います。そんなところを整理するようなものがあるといいのかな。今取り組んでいる、想像と創造がそれにあたるかもしれませんし、あるいは子どもを信じるというところの本来的な意味はこうなんだというものかもしれません。それが池田小の教育なんだとする形を、この機会にうまくまとめるのがいいのかもしれません。

齋藤：引き続き、本校の研究に関わっていただいてご示唆していただきたいと思いますのでよろしくお願いします。今日は本当にありがとうございました。

学び続ける教師集団とともに

放送大学客員准教授　**塩谷京子**

1．「深い読みの創造」のために

　池田小学校の先生方との出会いからちょうど10年がたちます。社会の変化に合わせて、学校現場では、思考力育成の重視、コンテンツ型からコンピテンシー型へ、ICT活用の導入、協働的な学び・個別最適な学びなど、教育方法に関わる新しい用語が目白押しです。池田小の国語部は、これらの概念を咀嚼しながら、子どもが学ぶ授業を模索し、毎年の研究発表会で提案をしてきました。

　歴代の国語部のメンバーは、時代の変化とともに有効な教育方法を取り入れながら、「読むこと」に着目して学習の主体者である子どもを中心に置いた授業研究を積み重ねてきました。子どもが主体的に読むためには、単元の中にプロセスが必要であり、そのプロセスに沿って「読みの単元」を組み立てるという、独自の読みの学習過程が、単元計画を立案するときの共通のベースになっています。つまり、子どもが自ら学ぶための仕組み作りの研究を深めるとともに、時代に沿った教育方法とのベストミックスを試行錯誤し、悩み、白熱の議論を重ねてきたのが、池田小学校の国語部なのです。

　池田小独自の「読みの学習過程」が、右の図です。「初発の読み」から、「ひとり学習」「交流学習」「言語活動」という３つのプロセスを通して「深い読み」に至るという枠組みは、読みの単元計画を立案する上での基本になっています。

初発の読み →

ひとり学習
・時間、書く量
・課題の出し方
・ノートの書き方
・言葉ファイル
・つけたい力

交流学習
・考究する問い
・構造的な板書
・つなぎ言葉の活用
・ふりかえりの書き方

言語活動
・作品の主題
・その後のお話作り
・好きな場面の紹介
・音読発表

→ 深い読みの創造

　子どもが教材文に初めて出合ったときに、「初発の読み」が生まれます。それは、表面的な浅い読みでもあります。単元を通してめざしたいのは、読みを深めることです。読みを深めた子どもの具体的な姿を描き、子どもがどのように読めるようになったならば読みを深めたと言えるのかを吟味した上で、「ひとり学習」「交流学習」「言語活動」での具体的な内容を絞っていきます。そして、子どもを主語に置き、自ら深い読みを見出すことを「深い読みの創造」と表し、「ひとり学習」「交流学習」「言語活動」は子どもと教師が共通認識できるプロセスとして位置付けられています。

2．オリジナルを研究会で発表する

　子どもが自ら読みを深めるために、「ひとり学習」「交流学習」「言語活動」の過程を体験することが、低学年から取り入れられています。

　「ひとり学習」の時間は必ず設定され、子どもはひとりで教材文に向き合います。このときに、ノートの書き方をはじめとした「学び方」も体得できるように、意図的な指導が組み込まれています。

　「ひとり学習」をもとに「交流学習」へと進みます。低学年ではペアとの対話から始まり、学年が進むにつれて3人、4人と人数も増えていきます。対話を通して、自分の読みとは異なる読みに出合い、新たな視点に立つことで視野が広がります。また、自分の読みが、グループでの対話や全体での話し合いによりどう変化したのかを比較して考えることを通して、見方が変わったり深まったりすることを体験します。

　読むことの学習では、読み方を学ぶことに加え、共有することで自分とは異なる考えがあることを知ったり、自分の考えが広がることに気付いたりするなど、基本的にインプットの学びの連続です。そこに、紹介したり続き話を作ったりするなどの「言語活動」の過程があることで、今までの学びを生かしたアウトプットの学びが生まれます。インプットとアウトプットの両方を通して、「深い読みの創造」へとつながるのです。

　単元計画の立案において、このような共通のベースがあることで、子どもたちは様々な教材文を読みますが、読みの学習過程は変わりません。中学年高学年になると、徐々に全体像が見えてきますので、3つの過程を単なる順序としてから、全体の中のそれぞれの過程として捉えられるようになってきます。そうすると、「交流学習」を視野に入れた「ひとり学習」が行われたり、「交流学習」から再度自分で「ひとり学習」に戻って自分の読みを修正するなど、自分で学びの過程を行き来できるようになってきます。これが、自立した学習者として、子ども自身がたどっている姿そのものです。

　国語部のメンバーは、子どもが自ら読みを深めるための読みの過程の質を上げていくとともに、その過程に「時代に沿った教育方法」をどう組み入れていくのかという2つの視点をもって、授業公開を行い、検討を重ねてきました。例えば、本年度は、協働的な学び・個別最適な学びをどう組み入れていくのかという、今日的な大きな問いを、読みの過程に位置付けて授業研究を進めています。そのために、教師自ら学んでいる姿を見てきました。

　「関係付けて考える」ことは、国語科の知識及び技能の中に系統的に位置付けられています。しかしながら、一見関係が見えない2つのことをつなげて考えることは容易ではありません。子どもも大人も同じです。関係付けて考えるときには先輩方やメンバーの多様な視点をもとにした対話が必要です。そこから見えてきた気付きや意見は、国語部のオリジナルであり、提案できるものになって実を結び、今後も種となって後輩に受け継がれていくのです。

column

子どもの成長ファーストの授業づくり

大阪大谷大学准教授　四辻伸吾

1．「想像力」と「創造力」を育成する意義

　池田市立池田小学校では、「想像力と創造力でつながる子ども～聴いて応える力とふりかえる力の育成～」という主題のもと、「気持ち、状況、立場、未来、生活、他者などを想像する力」「問題解決の流れの中で、自ら問いを持ち、よりよくしようと自ら学びを創造する力」の育成に焦点を当てて、授業研究に取り組まれてきている。

　しかし、そもそもなぜ「想像力」と「創造力」の育成をしなければならないといけないのだろうか。大阪教育大学附属平野小学校（2018）においても、「未来を『そうぞう』する子ども」を主題として、「想像」と「創造」の2つの視点から研究を進めてきている。これら2つの視点について、「想像」は、「現状を把握した上で、その現状がより望ましいものへと変容した姿を思い描くこと」であると捉えると、「想像」することで今まで見えなかったものが見えるようになり、世界の広がりを実感することにつながると考えることができる。また、「創造」については、「現状がより望ましいものへと変容できるように、新しく行動を起こしたり、新しいものを生み出したりすること」という視点で考えると、まさに物事を「他人事」としてではなく「自分事」として捉えることにつながるものであろう。

　これらを踏まえると、「想像力」と「創造力」を養うことは、子どもが学びの主体となり、自身を大きく成長させることにつながるものであると考えられる。「想像力」と「創造力」が、成長のための原動力となり、様々な局面においても、子どもたちが学び続けることへとつなげていくことができるものである。

2．子どもの成長ファーストの視点

　「主体的・対話的で深い学び」「個別最適な学び」「協働的な学び」「探究的な学び」等、教育現場において重視される視点は様々な形で示されている。しかしこのようなキーワードの多さから、ともすれば現場で子どもたちと日々対面をしている教員は、「一体、どれから始めればよいのだろう」「どの視点を最優先で考えればよいのだろう」などと戸惑ってしまうこともあるかもしれない。加えて、「子どもファーストで考えることの大切さ」と「ワークライフバランスを保つことの重要性」など、一見相矛盾する概念も示され、このような状況がかえって、教育現場が疲弊する方向へとつながっている場合も散見される。

　そもそも、教育の目的・目標については、教育基本法の第一条には「人格の完成を

目指し」、第二条には「個人の価値を尊重して、その能力を伸ばし」などと示されているように、いずれも「子どもの成長を目指す」という視点が示されている。先に示した「主体的・対話的で深い学び」「個別最適な学び」等もそれらが手段ではなく目的として捉えてしまうと、本質が見失われることになりかねない。しかしそれらの先には常に「子どもの成長」があるということを改めて意識してみれば、「主体的」であることがどのように子どもの成長につながるのか、「協働的」であることがどのように子どもの成長につながるのかという視点から、より具体的にイメージすることができるのではないか。

　また「子どもファースト」という言葉もよく使われ、この視点が重要であることに疑いの余地はないであろう。しかし、目の前の子どもが課題に直面しているときに、教員が「子どもファースト」という表現を意識しすぎて、「子どものために」アプローチをすることが本当に「子どもの成長」につながっているのかどうかは判断をすることは難しい場合がある。「子どもファースト」のために良かれと思って行ったアプローチが、ともすれば「子どもの成長」の機会を奪ってしまうことにつながってしまうことにもなりかねない。このような場合こそ、目の前の子どもにアプローチをする際に最初から「子どもの成長ファースト」の視点で考えると、ＡというアプローチとＢというアプローチという２つの選択肢があるときに、より「子どもの成長」につながるアプローチはどちらなのだろうという視点で考えることができる。

3．子どもたち自身が意識する「成長ファースト」

　総合的な学習の時間では「探究的な学習の過程」が重視されており、「課題の設定」「情報の収集」「整理・分析」「まとめ・表現」のサイクルを回していくことで、学びの質を高めていくことが求められる。特にこの探究のサイクルを繰り返していく中で、自身のこれまでの学びの中から、「どのような成果があったのか」「どのような点が不十分であったのか」について検討し、それらを踏まえて「今後どのような学びに向けて努力をしなければならないか」ということに焦点を当てることが、学びの質を高めていくこととなるであろう。この過程の中で「どのような点が不十分であったのか」について検討することは、ときには心理的負荷にもつながり、その負荷が想定よりも大きかった場合においては、それにより学習意欲の低下にもつながる可能性があると考える。しかし、その際、子どもたち自身も「成長ファースト」の視点があれば、それらの「不十分さ」が成長のきっかけになるということを意識することができ、自身の状況をよりポジティブに捉えることができると考える。

　池田市立池田小学校の進める「想像力と創造力でつながる子ども〜聴いて応える力とふりかえる力の育成〜」は、まさにこの「子どもの成長ファースト」を主軸に置いた取り組みであると考えられ、まさに学び続ける子どもの育成を目指すものである。

【引用文献】
大阪教育大学附属平野小学校（2018）「未来を『そうぞう』する子どもを育てる探究的な授業づくり」明治図書

池田市立池田小の子どもの学びと
これからの算数の授業について

元愛知学泉大学准教授　**和田秀夫**

1．はじめに

　入学して小学校での学習を始めた1年生にとって、算数こそ勉強と捉える児童も多い。特に計算や時計の学習では、分かった答えを言いたくてかなわないという姿がよく見られる。また、教師一年生である新任の先生にとっても、算数の指導は取り組みやすいと感じられるようである。これまで新任の先生方を指導する機会が多かったが、新任研の授業として算数が選ばれる割合は高く、授業展開のポイントが明確で考えやすい教科であると受け取られているようである。

　このように、算数は学びのイメージと直結し、分かる・分からせる喜びを得やすい教科であるが、小学校の算数学習においては、知識を伝えることに重きを置くのでな

く、児童の自分なりの学びとクラスのみんなの意見をあわせて考えさせる授業が大切になってくる。

　教師は個々の学びをみんなと共有できるこの楽しさを日々の授業実践の中で追究してほしいと思う。

　昨年度、縁あって池田市立池田小学校の授業を参観し、共に授業づくりをさせていただく貴重な機会も得ることになった。

2．池田市立池田小の算数実践の参観

　昨年度は算数の授業を各学期に1度、合計3度参観する機会をいただいた。

　1度目は1学期5月30日で、算数部の先生の授業を複数クラス見せていただいた。どの教室でも、一人の児童が発表すれば、その内容に対するつぶやきも多く、子ども同士の交流が驚くほど活発に行われていた。みんなが集中している中、自分の言葉でしゃべり、答えにこだわるのではなく、そこに至る過程がしっかりと話し合われている姿に主体的で豊かな学びの活力を感じた。

　2度目は11月29日の研究発表会の日で、6年生の「比例と反比例」の授業を参観した。

　この授業に関しては、事前に指導案を提示していただいたので、授業づくりにも参

加した。教科書では、300枚の画用紙を用意する方法として、10枚の重さをもとに比例を使って300枚分を求めさせようとしていたのだが、紙300枚という素材には、実感もわくわく感も乏しいと考え、授業者との話し合いの中で、教材を500円玉に替えた。厚みがあり、合計金額も考えることもでき、子どもたちの思考を促していけると思えた。実際の授業では、予想通りこの課題に刺激された子どもたちは意欲的に活動していた。そして、研究授業であったが、子どもの素朴なつぶやきも生まれ、充実した楽しい授業となっていた。

　3度目は3学期に1年生の授業を見せていただいた。1年の子どもたちが「なんばん目」「前から〇人」などの条件を表す言葉に戸惑いながらも、式や図を用いることによって、様々な方向から考え、それを深めていった授業であった。
　1年生からのこの思考を揺さぶ

る授業が学びの基礎力となり、学年が上がるにつれ豊かに積み上がって、活力ある授業場面の創出につながっていると感じた。

3．これからの算数教育の方向とは

　「個別最適な学び」と「協働的な学び」の一体的な充実が提唱される中、まずは「個別最適な学び」を一人ひとりの子どもがめざしていくことが大切だと考える。
　「自分にとってのベストな学び」はすぐにできるものではない。しかし、自分のつぶやきや友だちの発言が飛び交う中で、新しい考えをキャッチできることがある。ワクワクする学習の過程で「自分にとってのベストな学び」のヒントに出会うこともある。
　「多様性の時代に生きる力」を養うには、せっかくのクラスみんなで学ぶ機会を生かし、自分とは違う考え方に耳を傾けた上で、自分の考えを創り出していくことが大切である。
　池田小算数部のテーマ「既習とつなげる・友だちとつなげる・自分とつなげる〜」は、まさにこれからの時代に即応した視点であると考える。
　子どもたちがこれまでの学びや友だちとの学びに触れながら自分の学びのセンスを磨き、楽しく豊かに算数の学習を積み上げていってほしいと願う。

あとがき

「仲間と一緒だから最後まで泳ぐことができた」

　本校では、毎年夏休みに6年生を対象に臨海学舎を実施しています。海での水泳を通して体力の向上をはかることを目標に、低学年からの水泳指導を充実させています。子どもたちは、仲間と過ごす3日間で大きく成長します。一人では達成できない目標に向かって、仲間と協働するからこそ成長するのだと思います。臨海学舎後のふりかえりには、冒頭のような言葉が多く書かれています。

　本校は今年度創立150周年を迎えます。正門には150年前から残る登龍門の石碑があります。鯉が龍になるように、この門をくぐり池田小学校で学ぶ子どもたちが立派に成長してほしいという願いが込められています。私たちは、子どもの成長を中心にという創立以来の願いを大切に、教育活動に取り組んでいます。大山登山に挑戦する自然学舎や日本海での臨海学舎、猪名川河川敷でのマラソン大会など学校行事でしか体験できない成長をこれからも大切にしていかなければと思います。

　本校では、学校行事と日々の学習の充実が子どもたちの成長につながると考えています。日々の学習では、子どもたちの現状とつけたい力をもとに研究テーマを設定し、日々の授業実践に取り組んでいます。

　社会は常に変化していき、変化のスピードは数年前とは比べ物になりません。本校では、今後の社会でも子どもたちがより豊かな人生を送り、より良い生活を築くために、「想像力」と「創造力」が不可欠になると考えています。そこで、「想像力」と「創造力」を整理し、学習の中にどう位置付けていくのかという研究を重ねてきました。本書では、池田小学校における授業や取り組みを通して、子どもたちの想像力や創造力を伸ばすためのヒントやアイデアを多数取り上げています。授業実践を通して、多くの子どもたちが自分の内に秘めた想像力や創造力を引き出すことができることがわかりました。それには、それぞれの力を発揮する場を意図的に設定し、価値づけることが重要になります。また、子どもたちが自らアイデアを出し、実現することで、自信ややる気を増すことにつながっていることも実感しました。

　本書が、少しでも多くの教育関係者の方々に想像力と創造力を育成することの大切さを伝える手助けとなれば幸いです。今後も、子どもたちのさらなる可能性を引き出すために、さまざまな取り組みを続けていきたいと考えています。

　最後に、本書を執筆するにあたり、多くのご支援とご協力をいただいた関係者の皆様に深く感謝申し上げます。

池田市立池田小学校 教頭　　**内村　衞**

【執筆者一覧】

研究概要

「想像力と創造力でつながる子ども」　　　　　　　　　　　　池田小学校研究推進部

想像力と創造力を育てる授業実践

①4年総合　主体的に活動を創造できる子どもをめざして　　　　　　　　山田　知香
②4年総合　創造的な社会を創る子どもをめざして　　　　　　　　　　　西村　英輝
③6年総合　課題に向き合い、活動を創造する子どもをめざして　　　　　永藪　啓佑
④6年国語　教材からよりよい生き方を創造する子どもをめざして　　　　阪上　祐樹
⑤4年国語　ひとり学習から全体へ広げ、新たな考えを創造する子どもをめざして　土師　唯豊
⑥1年算数　図を根拠に考え想像する子どもをめざして　　　　　　　　　下野　美緒
⑦6年算数　数のきまりを見出し、生活に生かそうとする子どもをめざして　橋本　勇佑
⑧4年社会　問題解決学習を通して、新たな考えを創造できる子どもをめざして　柴　弘明
⑨2年生活　感じて、見つけ、伝え合う子どもをめざして　　　　　　　　保岡　優
⑩支援学級　自分や相手のことをそうぞうできる子どもをめざして　　　　三木田　道之

これからの教育に向けて大切にしたいこと
―エージェンシーを発現する授業の創造―

小幡　肇　富山　正人　津村　優里菜

鼎談

齋藤　滋（池田小学校校長）・小幡　肇（文教大学）・田村　学（國學院大學）

Column

学び続ける教師集団とともに　　　　　　　放送大学客員准教授　塩谷　京子
子どもの成長ファーストの授業づくり　　　大阪大谷大学准教授　四辻　伸吾
池田市立池田小の子どもの学びとこれからの算数の授業について

　　　　　　　　　　　　　　　　　　　元愛知学泉大学准教授　和田　秀夫

カスタマーレビュー募集

本書をお読みになった感想を下記サイトに
お寄せ下さい。レビューいただいた方には
特典がございます。

https://www.toyokan.co.jp/products/5348

想像力と創造力で
つながる子ども

2023（令和5）年11月18日　初版第1刷発行

監修者：田村学
編著者：池田市立池田小学校研究部・小幡肇
発行者：錦織圭之介
発行所：株式会社 東洋館出版社
　　　　〒101-0054　東京都千代田区神田錦町2丁目9番1号
　　　　　　　　　　コンフォール安田ビル2階
　　　　（代表）　　電話03-6778-4343　FAX 03-5281-8091
　　　　（営業部）　電話03-6778-7278　FAX 03-5281-8092
　　　　振　　替　00180-7-96823
　　　　Ｕ　Ｒ　Ｌ　https://www.toyokan.co.jp

装丁：國枝達也
組版：株式会社明昌堂
印刷・製本：株式会社シナノ

ISBN978-4-491-05348-6／Printed in Japan